世界遺産シリーズ

世界遺産入門

－平和と安全な社会の構築－

はじめに

　当シンクタンクの世界遺産入門については、これまで、1998年4月に、「地球と人類の至宝」、2003年2月に、「過去から未来へのメッセージ」、2007年4月に、「ユネスコから世界を学ぶ」を副題にしてきました。

　3年前の2012年は、ユネスコが1972年に世界遺産条約を採択して40年、日本が世界遺産条約を締約して20年となる節目の年でした。世界遺産条約の持続可能な発展の為には、地域社会が世界遺産とどの様に向き合っていくのか、その果たすべき役割のあり方が問われました。

　世界遺産とは、ユネスコの世界遺産条約に基づいて、「世界遺産リスト」に登録された自然遺産や文化遺産のことで、2015年4月現在、自然遺産が197、文化遺産が779、自然遺産と文化遺産の両方の登録基準を満たす複合遺産が31、合計1007件が登録されています。

　世界遺産条約が採択されたのは、1972年のユネスコ総会で、地球上の「顕著な普遍的価値」を有する自然景観、地形・地質、生態系、生物多様性などの自然遺産、人類が残した遺跡、建造物群、モニュメントなどの文化遺産を自然災害や人為災害などあらゆる脅威や危険から守っていく為の国際的な保護条約のことです。

　「顕著な普遍的価値」とは、必要条件として、世界遺産の登録基準を最低1つ以上満たしていることとその根拠の証明、十分条件として、真正で完全であること、他の類似物件との比較において比類ないものであること、担保条件として、登録遺産の長期的な保存管理計画の策定が求められています。

　「世界遺産リスト」には、自然と文化の各分野を代表する多様な物件が登録されていますが、近年は、専門機関のIUCNやICOMOSの事前審査も厳選化の傾向にあります。専門機関からの勧告内容を基に「世界遺産リスト」への登録の可否を最終的に決めるのは、毎年定期的に開催される、21か国の締約国からなる世界遺産委員会で、グローバルな視点からの審議が行われます。

　世界遺産条約を締約しているのは、現在、191の国と地域ですが、日本が世界遺産条約を締約したのは1992年で、世界で125番目でした。日本の世界遺産で最初に「世界遺産リスト」に登録されたのは1993年で、「法隆寺地域の仏教建造物」(奈良県)、「姫路城」(兵庫県)、「屋久島」(鹿児島県)、「白神山地」(青森県・秋田県)の4件が登録されました。

はじめに

　日本にあるユネスコの世界遺産の数は、2015年4月現在、自然遺産が4、文化遺産が14、合計18で、複合遺産はまだありません。日本の世界遺産の数は、国際的に見ると、世界で第13位、アジア地域では、中国、インドに続いて、第3位です。

　今年2015年は、「白川郷・五箇山の合掌造り集落」(岐阜県、富山県　1995年登録)が世界遺産登録20周年、「琉球王国のグスク及び関連遺産群」(沖縄県　2000年登録)が15周年、「知床」(北海道　2005年登録)が10周年を迎えます。

　世界遺産になることによる最大のメリットは、長期的な保護や保存の為の管理計画を策定しなければならないこともあり、万全の保護や保存の為の管理体制が構築されること、また、世界遺産登録後も多くの人の監視(モニタリング)の目にさらされることもあり、良いものが更に良くなる好循環の保存管理システムが機能し、「世界に誇れるまち」になっていくのだと思います。

　世界遺産地の観光客の数も、世界遺産登録前後の数年は、一般的には増加傾向になりますが、持続性を可能にする為には、遺産そのものの魅力をどの様に引き出していくか、その盛衰は地元の工夫と努力にかかっています。

　世界遺産地は、常に、開発圧力、観光圧力、環境圧力など多様な脅威や危険にさらされています。2011年3月の東日本大震災に代表される様に、予測不可能な災害に見舞われることもあり、顕在化している危険だけではなく、潜在的な脅威や危険にも対応できる危機管理体制の構築も必要であり、戦争のない平和な社会、それに、テロ事件などの危険のない安全な社会であってこその世界遺産なのです。

　2015年は、「明治日本の産業革命遺産－九州・山口と関連地域」(福岡県、佐賀県、長崎県、熊本県、鹿児島県、山口県、静岡県、岩手県の8県)、そして2016年は、「長崎の教会群とキリスト教関連遺産」(長崎県と熊本県)と「国立西洋美術館本館」(7か国にまたがる「ル・コルビュジエの建築作品－近代建築運動への顕著な貢献－」の構成資産の一つ)の世界遺産登録の実現が期待されています。

　2015年は、第二次世界大戦が終結して70年になる節目の年です。本書は、世界遺産入門シリーズの第4弾として、「平和と安全な社会の構築」を副題に掲げます。

2015年5月

世界遺産総合研究所　古田陽久

《 目　　次 》

■ **はじめに**　*3*

■ **ユネスコとは**　*7*

    ❏ ユネスコとは　*8*
    ❏ ユネスコ憲章　*8*
    ❏ ユネスコの目的と活動領域　*8*
    ❏ ユネスコの主要機能　*9*
    ❏ ユネスコの加盟国（加盟国195、準加盟地域9）とユネスコ遺産の数　*10*
    ❏ ユネスコの機関　*14*
    ❏ ユネスコの事務局　*15*
    ❏ ユネスコの財政　*16*
    ❏ 日本ユネスコ国内委員会　*17*
    ❏ 民間のユネスコ活動　*17*
    ❏ ユネスコの文化面での近年の活動　*17*
    ❏ 日本の貢献　*17*

■ **世界遺産とは**　*31*

    ❏ 世界遺産とは　*32*
    ❏ 世界遺産の種類と数　*33*
        （1）自然遺産とは　*33*
        （2）文化遺産とは　*34*
        （3）複合遺産とは　*36*
    ❏ 世界遺産の現状　*37*
    ❏ 世界遺産の登録要件と登録手順　*37*
        （1）必要十分条件　*37*
        （2）担保条件　*38*
    ❏ 世界遺産の価値の評価区分と登録区分　*38*
    ❏ 世界遺産登録のメリットとデメリット　*39*
        （1）世界遺産登録のメリット　*39*
        （2）世界遺産登録のデメリット　*39*
    ❏ 日本の世界遺産の現状　*40*
        （1）日本の世界遺産　*40*
        （2）世界遺産暫定リスト記載物件　*40*
        （3）今後の登録推薦物件　*41*

■ 危機遺産とは 83

- 危機遺産とは 84
- 世界遺産を取り巻く脅威や危険 86
  - (1) 固有危険 86
  - (2) 社会環境の変化 86
  - (3) 自然災害 87
  - (4) 人為災害 87
  - (5) 地球環境問題 87
- 危機遺産対策こそが世界遺産条約の本旨 87

■ 世界遺産の保存管理と利活用 101

- 世界遺産の保存管理 102
- 世界遺産を活用した地域振興 103
  - (1) 教育 103
  - (2) 観光 104
  - (3) 地域づくり・まちづくり 104

■コラム　クルーズ船での世界遺産の旅のすすめ 105

■ 世界遺産の今後の課題と展望 113

- 世界遺産のこれから 114
- 世界遺産の持続可能な発展 115
  - (1) 世界遺産の6つの将来目標 116
  - (2) 世界遺産条約履行の為の戦略的行動計画 2012〜2022 116

■ 世界遺産学のすすめ 123

- 世界遺産は時空を超えた地球と人類の至宝 124
- 世界遺産学のすすめ 124
- 世界遺産学は総合科学 125
- 世界遺産学からユネスコ遺産学へ 125

■ 備考　世界無形文化遺産、世界記憶遺産との連携 127

- 世界遺産、世界無形文化遺産、世界記憶遺産との違い 128

■ おわりに 138

ユネスコとは

ユネスコは、国連の教育、科学、文化分野の専門機関で、本部はパリにある。

❏ユネスコとは

ユネスコとは、国際連合の専門機関の一つである国際連合教育科学文化機関（United Nations Educational, Scientific and Cultural Organization＝UNESCO）のことです。【図表 1】

＜設立＞

1945年（昭和20年）11月16日	ロンドンでの「連合国教育文化会議」でユネスコ憲章採択
1946年（昭和21年）11月 4日	ユネスコ憲章の効力発生。
1951年（昭和26年） 7月 2日	日本の加盟（60番目の加盟国）

＜所在地＞

ユネスコ本部	7, Place de Fontenoy, 75352 Paris 07 SP, FRANCE
ウェブサイト	http://en.unesco.org/

＜公用語＞

アラビア語、英語、スペイン語、中国語、フランス語、ロシア語
（但し、「作業言語」は英語とフランス語のみ）

❏ユネスコ憲章

＜前文＞

「……戦争は、人の心の中で生まれるものであるから、人の心の中に平和のとりでを築かなければならない。」（前文冒頭）の言葉は有名です。

また、しばしば繰り返されてきた戦争の原因は、「お互いの風習や生活を知らないことにより、人類の歴史を通じて世界の人々の間に疑惑と不信を引き起こしたからだ」とし、「……だから、平和が失敗に終わらない為には、それを全人類の知的および道義的関係の上に築き上げなければならない……」と謳っています。

したがって、ユネスコは、国際的な「知的協力」の機関として活動するという任務を課せられて発足したのです。
【図表 2】

❏ユネスコの目的と活動領域

＜ユネスコの目的＞

国際連合憲章が世界の諸人民に対して、人種、性、言語、または、宗教の差別なく確認している正義、法の支配、人権及び基本的自由に対する普遍的な尊重を助長するために、教育、科学、文化、コミュニケーションを通じて加盟国間の国際協力を促進することによって平和及び安全に貢献することです。

＜ユネスコの活動領域＞

- ●教育分野
  - ○平和・人権教育
  - ○貧困、とりわけ極貧の削減
  - ○エイズ（HIV）予防教育
  - ○万人のための教育（EFA：Education for All）　識字教育等
  - ○持続可能な開発のための教育（ESD：Education for Sustainable Development）
  - ○ユネスコ・スクール（ASPnet：Associated School Project Network）

- ●自然科学分野　○科学、環境及び持続可能な開発
　　　　　　　　　○水科学の推進
　　　　　　　　　○津波災害の予防減災等
　　　　　　　　　○ユネスコ人間と生物圏（MAB:Man and the Biosphere）計画
　　　　　　　　　　生物圏保存地域（ユネスコ・エコパーク　Biosphere Reserves: BR）
- ●人文・社会科学分野
　　　　　　　　　○生命倫理　　ヒトゲノムに関する研究等
　　　　　　　　　○人権・差別対策　　男女平等等
- ●文化分野
　　　　　　　　　○世界遺産
　　　　　　　　　○世界無形文化遺産
　　　　　　　　　○文化的多様性、文明間対話　　創造都市ネットワーク等
- ●情報・コミュニケーション分野
　　　　　　　　　○教育、科学、文化の発展及び知識社会の構築のための情報・コミュニケーション技術（ICT）への貢献
　　　　　　　　　○世界記憶遺産

ユネスコは、21世紀の国際社会の課題である、平和と安全、開発と貧困の軽減、環境、デモクラシー、人権とグッドガバナンス、アフリカの特別なニーズなどに応えるために設定された国連ミレニアム開発目標、なかでも極度の貧困及び飢餓の半減、普遍的初等教育の達成、男女平等及び女性の地位強化の推進、エイズ、マラリア等伝染病との戦い、環境の持続可能性の確保など、目標達成に向けて、その戦略や活動を通じ積極的に取り組んでいます。【図表3】

❑ユネスコの主要機能

また、ユネスコの活動には主に次の5つの機能があります。

- ●将来の展望に関する研究（Prospective Studies）
　世界の将来の課題を認知して、教育、科学、文化、コミュニケーションの分野でどのように課題に対処するべきかを研究する機能。

- ●知識の進歩、移転及び共有の促進（The advancement, transfer and sharing of knowledge）
　この機能は、ユネスコの最も重要な機能のひとつ。ユネスコは、地域単位、世界単位のネットワークを設け、その推進役を担う。

- ●規範設定の活動（Standard-stetting action）
　加盟国が、様々な文化や伝統の違いを越え、共通のルール作りをする時、法的拘束力をもつ条約、協定などの国際文書や勧告や宣言が必要になる。その作成や採択を行う活動。

- ●人的機関的能力の向上（Building human and institutional capacities）
　加盟国の開発政策・開発プロジェクトに対する専門的な助言、技術協力をする殊によって各国の人的機関的能力を向上させる、例えば、開発途上国に対し、研修、文字メディア、視聴覚メディアの機材の供与などの支援。

- ●専門情報の交換（Exchange of specialized information）
　様々な活動分野における専門的な情報を収集し、その情報を広く全世界に配布。2年毎に作成される「世界レポート」をはじめ、「統計年鑑」、各種定期刊行物などを発行。

ユネスコの加盟国

加盟国 195、準加盟地域 9

<Group別・加盟順・アルファベット順>

<Group I>加盟国（27か国）

国名	ユネスコ加盟日	世界遺産の数	無形文化遺産の数	記憶遺産の数	合計
カナダ	1946年11月 4日	17	0	4	21
デンマーク	1946年11月 4日	6	0	8	14
フランス	1946年11月 4日	39	13	9	61
ギリシャ	1946年11月 4日	17	2	0	19
ノルウェー	1946年11月 4日	7	0	5	12
トルコ	1946年11月 4日	13	12	4	29
ベルギー	1946年11月29日	11	10	5	26
オランダ	1947年 1月 1日	10	0	10	20
ルクセンブルク	1947年10月27日	1	1	1	3
イタリア	1948年 1月27日	50	6	4	60
オーストリア	1948年 8月13日	9	2	13	24
スイス	1949年 1月28日	11	0	2	13
モナコ	1949年 7月 6日	0	0	0	0
イスラエル	1949年 9月16日	8	0	2	10
スウェーデン	1950年 1月23日	15	0	6	21
ドイツ	1951年 7月11日	39	0	16	55
スペイン	1953年 1月30日	44	11	5	60
フィンランド	1956年10月10日	7	0	2	9
キプロス	1961年 2月 6日	3	3	0	6
アイルランド	1961年10月 3日	2	0	1	3
アイスランド	1964年 6月 8日	2	0	2	4
マルタ	1965年 2月10日	3	0	0	3
ポルトガル	1974年 9月11日	15	3	6	24
サンマリノ	1974年11月12日	1	0	0	1
アンドラ	1993年10月20日	1	0	0	1
英国	1997年 7月 1日	28	0	11	39
アメリカ合衆国	2003年10月 1日	22	0	7	29

<Group II>加盟国（25か国）

国名	ユネスコ加盟日	世界遺産の数	無形文化遺産の数	記憶遺産の数	合計
ポーランド	1946年11月 6日	14	0	12	26
ハンガリー	1948年 9月14日	8	3	6	17
ロシア連邦	1954年 4月21日	26	2	12	40
ベラルーシ	1954年 5月12日	4	1	1	6
ウクライナ	1954年 5月12日	7	1	2	10
ブルガリア	1956年 5月17日	9	3	1	13
ルーマニア	1956年 7月27日	7	4	0	11
アルバニア	1958年10月16日	2	1	1	4
リトアニア	1991年10月 7日	4	3	2	9
エストニア	1991年10月14日	2	4	1	7
ラトヴィア	1991年10月14日	2	2	2	6
モルドヴァ	1992年 5月27日	1	1	0	2

世界遺産入門−平和と安全な社会の構築−

国名	ユネスコ加盟日	世界遺産の数	無形文化遺産の数	記憶遺産の数	合計
スロヴェニア	1992年 5月27日	3	0	1	4
クロアチア	1992年 6月 1日	7	14	1	22
アゼルバイジャン	1992年 6月 3日	2	7	1	10
アルメニア	1992年 6月 9日	3	4	3	10
グルジア	1992年10月 7日	3	2	3	8
スロヴァキア	1993年 2月 9日	7	2	3	12
チェコ	1993年 2月22日	12	4	4	20
タジキスタン	1993年 4月 6日	2	1	1	4
ボスニア・ヘルツェゴヴィナ	1993年 6月 2日	2	1	0	3
マケドニア・旧ユーゴスラヴィア	1993年 6月28日	1	2	0	3
ウズベキスタン	1993年10月26日	4	5	2	11
セルビア	2000年12月20日	4	1	2	7
モンテネグロ	2007年 3月 1日	2	0	0	2

＜Group III＞加盟国（33か国）

国名	ユネスコ加盟日	世界遺産の数	無形文化遺産の数	記憶遺産の数	合計
ブラジル	1946年11月 4日	19	5	5	29
ドミニカ共和国	1946年11月 4日	1	2	2	5
メキシコ	1946年11月 4日	32	7	10	49
ボリヴィア	1946年11月13日	7	4	4	15
ハイチ	1946年11月18日	1	0	0	1
ペルー	1946年11月21日	12	7	3	22
ヴェネズエラ	1946年11月25日	3	3	3	9
エクアドル	1947年 1月22日	5	2	0	7
キューバ	1947年 8月29日	9	1	3	13
コロンビア	1947年10月31日	8	8	2	18
ウルグアイ	1947年11月 8日	1	2	1	4
ホンジュラス	1947年12月16日	2	1	0	3
エルサルバドル	1948年 4月28日	1	0	0	1
アルゼンチン	1948年 9月15日	9	1	2	12
グアテマラ	1950年 1月 2日	3	3	0	6
パナマ	1950年 1月10日	5	0	1	6
コスタリカ	1950年 5月19日	4	1	0	5
ニカラグア	1952年 2月22日	2	2	1	5
チリ	1953年 7月 7日	6	1	3	10
パラグアイ	1955年 6月20日	1	0	1	2
トリニダード・トバコ	1962年11月 2日	0	0	6	6
ジャマイカ	1962年11月 7日	0	1	2	3
ガイアナ	1967年 3月21日	0	0	2	2
バルバドス	1968年10月24日	1	0	4	5
グレナダ	1975年 2月17日	0	0	0	0
スリナム	1976年 7月16日	2	0	3	5
ドミニカ国	1979年 1月 9日	1	0	1	2
セント・ルシア	1980年 3月 6日	1	0	2	3
バハマ	1981年 4月23日	0	0	2	2
ベリーズ	1982年 5月10日	1	1	1	3
アンティグア・バーブーダ	1982年 7月15日	0	0	0	0
セント・ヴィンセントおよびグレナディーン諸島	1983年 1月14日	0	0	0	0
セント・キッツ・ネイヴィース	1983年10月26日	1	0	2	3

ユネスコとは

シンクタンクせとうち総合研究機構

＜Group IV＞加盟国（44か国）

国　名	ユネスコ加盟日	世界遺産の数	無形文化遺産の数	記憶遺産の数	合　計
オーストラリア	1946年11月 4日	19	0	5	24
中国	1946年11月 4日	47	37	9	93
インド	1946年11月 4日	32	11	7	50
ニュージーランド	1946年11月 4日	3	0	2	5
フィリピン	1946年11月21日	6	2	4	12
アフガニスタン	1948年 5月 4日	2	0	0	2
イラン	1948年 9月 6日	17	10	7	34
タイ	1949年 1月 1日	5	0	4	9
ミャンマー	1949年 6月27日	1	0	1	2
パキスタン	1949年 9月14日	6	1	1	8
スリランカ	1949年11月14日	8	0	1	9
インドネシア	1950年 5月27日	8	6	4	18
韓国	1950年 6月14日	11	17	11	39
日本	1951年 7月 2日	18	22	3	43
カンボジア	1951年 7月 3日	2	2	1	5
ヴェトナム	1951年 7月 6日	8	9	2	19
ラオス	1951年 7月 9日	2	0	0	2
ネパール	1953年 5月 1日	4	0	2	6
マレーシア	1958年 6月16日	4	1	4	9
モンゴル	1962年11月 1日	3	12	3	18
バングラデシュ	1972年10月27日	3	2	0	5
北朝鮮	1974年10月18日	2	1	0	3
パプアニューギニア	1976年10月 4日	1	0	0	1
モルディヴ	1980年 7月18日	0	0	0	0
トンガ	1980年 9月29日	0	1	0	1
サモア	1981年 4月 3日	0	0	0	0
ブータン	1982年 4月13日	0	1	0	1
フィジー	1983年 7月14日	1	0	1	2
キリバス	1989年10月24日	1	0	0	1
クック諸島	1989年10月25日	0	0	0	0
ツバル	1991年10月21日	0	0	0	0
カザフスタン	1992年 5月22日	4	2	3	9
キルギス	1992年 6月 2日	2	5	0	7
トルクメニスタン	1993年 8月17日	3	0	0	3
ソロモン諸島	1993年 9月 7日	1	0	0	1
ニウエ	1993年10月26日	0	0	0	0
ヴァヌアツ	1994年 2月10日	1	1	1	3
マーシャル諸島	1995年 6月30日	1	0	0	1
ナウル	1996年10月17日	0	0	0	0
パラオ	1999年 9月20日	1	0	0	1
ミクロネシア	1999年10月19日	0	0	0	0
東ティモール	2003年 6月 5日	0	0	1	1
ブルネイ	2005年 3月17日	0	0	0	0
シンガポール	2007年10月 8日	0	0	0	0

＜Group V(a)＞加盟国（47か国）

国　名	ユネスコ加盟日	世界遺産の数	無形文化遺産の数	記憶遺産の数	合　計
リベリア	1947年 3月 6日	0	0	0	0
エチオピア	1955年 7月 1日	9	1	1	11
ガーナ	1958年 4月11日	2	0	1	3
ギニア	1960年 2月 2日	1	1	0	2
ベナン	1960年10月18日	1	1	1	3
コンゴ	1960年10月24日	1	0	0	1
コートジボワール	1960年10月27日	4	2	0	6
マリ	1960年11月 7日	4	8	0	12
マダガスカル	1960年11月10日	3	1	1	5
ニジェール	1960年11月10日	3	2	0	5
セネガル	1960年11月10日	7	2	1	10
カメルーン	1960年11月11日	2	0	0	2
中央アフリカ	1960年11月11日	2	1	0	3
ブルキナファソ	1960年11月14日	1	1	0	2
ナイジェリア	1960年11月14日	2	3	0	5
ソマリア	1960年11月15日	0	0	0	0
ガボン	1960年11月16日	1	0	0	1
トーゴ	1960年11月17日	1	1	0	2
コンゴ民主共和国	1960年11月25日	5	0	0	5
チャド	1960年12月19日	1	0	0	1
タンザニア	1962年 3月 6日	7	0	2	9
シエラ・レオネ	1962年 3月28日	0	0	0	0
ルワンダ	1962年11月 7日	0	0	0	0
ウガンダ	1962年11月 9日	3	4	0	7
ブルンディ	1962年11月16日	0	1	0	1
ケニア	1964年 4月 7日	6	2	0	8
マラウイ	1964年10月27日	2	3	0	5
ザンビア	1964年11月 9日	1	2	0	3
レソト	1967年 9月29日	1	0	0	1
モーリシャス	1968年10月25日	2	1	1	4
ガンビア	1973年 8月 1日	2	1	0	3
ギニア・ビサウ	1974年11月 1日	0	0	0	0
モザンビーク	1976年10月11日	1	2	0	3
セイシェル	1976年10月18日	2	0	0	2
アンゴラ	1977年 3月11日	0	0	1	1
コモロ	1977年 3月22日	0	0	0	0
スワジランド	1978年 1月25日	0	0	0	0
カーボ・ヴェルデ	1978年 2月15日	1	0	0	1
ナミビア	1978年11月 2日	2	0	1	3
赤道ギニア	1979年11月29日	0	0	0	0
ボツワナ	1980年 1月16日	2	1	0	3
サントメプリンシペ	1980年 1月22日	0	0	0	0
ジンバブエ	1980年 9月22日	5	1	0	6
ジブチ	1989年 8月31日	0	0	0	0
エリトリア	1993年 9月 2日	0	0	0	0
南アフリカ	1994年12月12日	8	0	5	13
南スーダン	2011年10月27日	0	0	0	0

シンクタンクせとうち総合研究機構

＜Group V(b)＞加盟国（19か国）

国　名	ユネスコ加盟日	世界遺産の数	無形文化遺産の数	記憶遺産の数	合　計
エジプト	1946年11月 4日	7	1	4	12
レバノン	1946年11月 4日	5	1	2	8
サウジアラビア	1946年11月 4日	3	1	1	5
シリア	1946年11月16日	6	1	0	7
イラク	1948年10月21日	4	1	0	5
ヨルダン	1950年 6月14日	5	1	0	6
リビア	1953年 6月27日	5	0	0	5
モロッコ	1956年11月 7日	8	6	1	15
チュニジア	1956年11月 8日	8	0	1	9
スーダン	1956年11月26日	2	0	0	2
クウェート	1960年11月18日	0	0	0	0
モーリタニア	1962年 1月10日	2	1	0	3
イエメン	1962年 4月 2日	4	1	0	5
アルジェリア	1962年10月15日	7	5	0	12
バーレーン	1972年 1月18日	2	0	0	2
カタール	1972年 1月27日	1	1	0	2
オマーン	1972年 2月10日	4	4	0	8
アラブ首長国連邦	1972年 4月20日	1	4	0	5
パレスチナ	2011年11月23日	2	1	0	3

（注）英国、アメリカ合衆国、シンガポールは、1980年代半ばに脱退したが、英国は1997年、アメリカ合衆国は2003年、シンガポールは2007年に復帰。

＜準加盟地域＞（9地域）

地　域　名	ユネスコ加盟日
英領ヴァージン諸島	1983年11月24日
アルバ	1987年10月20日
マカオ	1995年10月25日
ケイマン諸島	1999年10月30日
トケラウ	2001年10月15日
フェロー諸島	2009年10月12日
キュラソー島	2011年10月25日
セント・マーチン島	2011年10月25日
アンギラ	2013年11月 5日

❑ユネスコの機関

ユネスコには、総会、執行委員会、事務局の3つの機関がある。

総会（General Conference）
ユネスコの最高決定機関であり、2年に1度の割合で全加盟国を一堂に会して会合の開催。この総会で、ユネスコの事業方針の決定、事業計画と予算の承認。また、4年毎に執行委員会の勧告に基づき事務局長の任命。

執行委員会（Executive Board）
選出された58の加盟国で構成されており（日本を含む）、1年に2度の委員会を開催。事業計画と予算を検討し、総会決議の有効な実施に責任を負う。

事務局（Secretariat）
ユネスコの事業の実施機関。4年の任期で選出される事務局長の下で、加盟諸国の採択した事業計画の実施。

＜ユネスコ通常総会の開催歴＞

回	開催地	期間	備考
第1回	パリ	1946年11月20日～12月10日	
第2回	メキシコシティ	1947年11月 6日～12月 3日	
第3回	ベイルート	1948年11月 6日～12月 3日	
第4回	パリ	1949年 9月19日～10月 5日	
第5回	フィレンツェ	1950年 5月22日～ 6月17日	
第6回	パリ	1951年 6月18日～ 7月11日	
第7回	パリ	1952年11月12日～12月19日	
第8回	モンテヴィデオ	1954年11月12日～12月11日	
第9回	ニューデリー	1956年11月 5日～12月 5日	
第10回	パリ	1958年11月 4日～12月 5日	
第11回	パリ	1960年11月14日～12月15日	
第12回	パリ	1962年11月 9日～12月12日	
第13回	パリ	1964年10月20日～11月20日	
第14回	パリ	1966年10月25日～11月30日	
第15回	パリ	1968年10月15日～11月20日	
第16回	パリ	1970年10月12日～11月14日	
第17回	パリ	1972年10月17日～11月21日	世界遺産条約採択
第18回	パリ	1974年10月17日～11月23日	
第19回	ナイロビ	1976年10月26日～11月30日	
第20回	パリ	1978年10月24日～11月28日	
第21回	ベオグラード	1980年 9月23日～10月28日	
第22回	パリ	1983年10月25日～11月26日	
第23回	ソフィア	1985年10月 8日～11月 9日	
第24回	パリ	1987年10月20日～11月20日	
第25回	パリ	1989年10月17日～11月16日	
第26回	パリ	1991年10月15日～11月 7日	
第27回	パリ	1993年10月25日～11月16日	
第28回	パリ	1995年10月25日～11月16日	
第29回	パリ	1997年10月21日～11月12日	
第30回	パリ	1999年10月26日～11月17日	
第31回	パリ	2001年10月15日～11月 3日	
第32回	パリ	2003年 9月29日～10月17日	無形文化遺産保護条約採択
第33回	パリ	2005年10月 3日～10月21日	文化の多様性条約採択
第34回	パリ	2007年10月16日～11月 3日	
第35回	パリ	2009年10月 6日～10月23日	
第36回	パリ	2011年10月25日～11月10日	
第37回	パリ	2013年11月 5日～11月20日	

❑ユネスコの事務局

＜ユネスコの歴代事務局長＞

氏名	出身国	在任期間
●ジュリアン・ハクスリー	英国	1946年12月～1948年12月
●ハイメ・トレス・ボデー	メキシコ	1948年12月～1952年12月
●ジョン・W・テイラー	アメリカ合衆国	1952年12月～1953年 7月
●ルーサー・H・エバンス	アメリカ合衆国	1953年 7月～1958年12月
●ヴィットリーノ・ヴェロネーゼ	イタリア	1958年12月～1961年11月
●ルネ・マウ	フランス	1961年11月～1974年11月

- ●アマドゥ・マハタール・ムボウ　　セネガル　　　　1974年11月～1987年11月
- ●フェデリコ・マヨール　　　　　　スペイン　　　　1987年11月～1999年11月
- ●松浦晃一郎　　　　　　　　　　　日本　　　　　　1999年11月～2009年11月
- ●イリーナ・ボコヴァ　　　　　　　ブルガリア　　　2009年11月～現在

<地域事務所>　55か所
- ●ナショナルオフィス（National Office）
　　事業活動の円滑な実施のために特定の国に置かれる地域事務所　27か所
- ●クラスターオフィス（Cluster Office）
　　地域レベルの活動を管轄する地域事務所　19か所
- ●リエゾンオフィス（Liaison Office）
　　国連及び他の国連関係機関との連絡調整等のために置かれる連絡事務所
　　4か所（アディスアベバ、ブラッセル、ニューヨーク、ジュネーヴ）
- ●リージョナルビューロー（Regional Bureau）
　　特定の分野について地域及び地域事務所等への助言等を行う地域事務所　13か所
　　　　　　　　　　　　　　　　　　　　　　　　　　（うち8か所クラスター兼務）

日本については、ユネスコ北京事務所（クラスターオフィス）が管轄の地域事務所です。
日本ユネスコ国内委員会は、ユネスコ本部だけではなく、アジア・太平洋地域のリージョナルビューロー（教育：バンコク事務所、科学：ジャカルタ事務所）等と連携・協力してユネスコ活動を進めています。

ユネスコの財政

ユネスコの財政は、通常予算（加盟国の分担金）と通常外予算（加盟国からの任意拠出金等）から成り立っています。

2011年のパレスチナのユネスコ加盟以降、アメリカ合衆国が分担金（予算の22%）の支払いを停止したことで、この4年間に予算は、実質で36%減、人員も30%以上の減となっており、ユネスコの財政は危機的な状況にあります。ボコヴァ事務局長の指導力の下、経費削減や事務の合理化を進めていていますが、予算・人員の削減の影響が出始めていることは否定できません。

<通常予算総額>　（2年分）
　　2014～2015年　653百万USドル

<主要国分担率>
　　アメリカ合衆国(22%　未払い)、日本(10.834%)、ドイツ(7.142%)、
　　フランス(5.594%)、英国(5.179%)

<わが国分担金額>
　　2014年：約37億円2千万円
　　2013年：約30億円8千万円
　　2012年：約40億円
　　2011年：約36億7千万円

❏日本ユネスコ国内委員会

　ユネスコは、各加盟国における国内委員会の設置を定めている国連唯一の専門機関で、規定に基づき、政府の諮問連絡機関としてユネスコ国内委員会を設置しています。
　わが国の場合、日本における政府の窓口が「日本ユネスコ国内委員会」で、文部科学省内に設置されており、教育・科学・文化等の各分野を代表する57名（定員60名以内）の委員で構成されています。2015年4月現在の会長は、日本学術振興会理事長の安西祐一郎氏。
　ここでは、わが国におけるユネスコ活動の基本方針の策定や、活動に関する助言、企画、連絡及び調査、さらに民間の各機関や団体との連絡・情報交換などを行っています。
　各都道府県や市町村では、各々の教育委員会がユネスコ活動を担当しています。

❏民間のユネスコ活動

- ●公益社団法人日本ユネスコ協会連盟（日本国内にユネスコ協会 約270）
- ●公益財団法人ユネスコ・アジア文化センター（ACCU）
- ●ユネスコクラブ（日本国内の大学生）
- ●ユネスコスクール（日本国内の幼稚園、小・中・高等学校及び教員養成学校 675校）

❏ユネスコの文化面での近年の活動

　国際的な政治、経済におけるグローバリゼーションの進展に伴い、文化芸術による創造的な相互交流が促進される一方、文化的アイデンティティーの危機をめぐる緊張が高まり、文化の多様性が脅かされることが懸念されています。
　ユネスコは、過去の有形遺産を保護する「世界遺産条約」（1972年条約）、過去から現在まで継承されてきた「無形文化遺産保護条約」（2003年条約）、これから創造される文化の多様性を保障する「文化多様性条約」（2005年条約）の3つの条約を基盤に置いて、持続可能な開発に不可欠な要因である「文化の多様性」を擁護促進してゆくための国際協力の推進役を担っています。

❏日本の貢献

- ○ユネスコ日本政府代表部を開設しています。
- ○今日では、日本は米国に次いで第2位の分担金拠出国(2011年10月から、米国がパレスチナのユネスコ加盟により拠出金支払を停止しているため、実質的に日本が最大の分担金拠出国となっている)として、ユネスコに財政面から貢献するとともに、ユネスコの管理・運営を司る執行委員会委員国として、ユネスコの管理運営に直接関与しています。
- ○ユネスコが行う諸事業にも様々な形で協力しています。文化遺産の保存協力のために、「文化遺産保存日本信託基金」、「無形文化遺産保護日本信託基金」を設置しているほか、コミュニケーション分野、海洋学や環境問題にかかる自然科学、教育の諸事業への資金拠出、専門家派遣、研修員受入れ等種々の協力を推進しています。
- ○途上国における教育の普及や人造りの事業支援等のために、「持続可能な開発のための教育交流・協力信託基金」（2008年度〜）、「人的資源開発信託基金」（2000年度〜）、「アジア太平洋地域教育協力信託基金」（2009年度〜）等をユネスコに設置しています。
- ○ユネスコ・カテゴリー2センターの「アジア太平洋無形文化遺産研究センター」（略称：IRCI）を2011年10月、堺市博物館内に開設しました。

世界遺産入門-平和と安全な社会の構築-

【図表1】国際連合　組織

ユネスコとは

経済社会理事会の下：
- 国連貿易開発会議（UNCTAD）
- 国連児童基金（UNICEF）
- 国連難民高等弁務官事務所（UNHCR）
- 国連/FAO合同世界食糧計画
- 国連訓練調査研究所（UNITAR）
- 国連開発計画（UNDP）
- 国連環境計画（UNEP）
- 国連大学（UNU）
- 国連特別基金
- 世界食糧理事会
- 国連人間居住委員会（HABITAT）
- 国連人口基金（UNFPA）

- 地域経済委員会
- 機能委員会
- 会期、常設、特別委員会

- 国連パレスチナ難民救済事業機関（UNRWA）

専門機関および自治的機関：
- 国際労働機関（ILO）
- 国際食糧農業機関（FAO）
- **国連教育科学文化機関（UNESCO）**
- 世界保健機関（WHO）
- 国際開発協会（IDA）
- 国際復興開発銀行(世界銀行)（IBRD）
- 国際金融公社（IFC）
- 多国間投資保証機関（MIGA）
- 国際通貨基金（IMF）
- 国際民間航空機関（ICAO）
- 万国郵便連合（UPU）
- 国際電気通信連合（ITU）
- 世界気象機関（WMO）
- 国際海事機関（IMO）
- 世界知的所有権機関（WIPO）
- 国際農業開発基金（IFAD）
- 国連工業開発機関（UNIDO）

- 世界貿易機関（WTO）
- 国際原子力機関（IAEA）

主要機関：
- 総会
- 国際司法裁判所
- 事務局
- 経済社会理事会
- 信託統治理事会
- 安全保障理事会

総会下部機関：
- 主要委員会
- 常設・運営委員会
- その他の総会下部機関

安全保障理事会の下：
- 軍事参謀委員会
- 軍縮委員会（DC）

《PKO》
- 国連パレスチナ休戦監視団（UNTSO）
- 国連キプロス平和維持軍（UNFICYP）
- 国連兵力引き離し監視軍（UNDOF）
- 国連レバノン暫定軍（UNIFIL）
- 国連イラク・クウェート監視団（UNIKOM）
- 国連西サハラ住民投票監視団（MINURSO）
- 国連保護軍（UNPROFOR）など

●主要機関　□専門機関および自治的機関

国際連合
設立：1945年
本部：ニューヨーク
加盟国：193か国
（2015年4月現在）

国際連合旗

18

シンクタンクせとうち総合研究機構

【図表 2】ユネスコ憲章（The Constitution of UNESCO）

前文

　この憲章の当事国政府は、その国民に代って次のとおり宣言する。

　戦争は人の心の中で生れるものであるから、人の心の中に平和のとりでを築かなければならない。

　相互の風習と生活を知らないことは、人類の歴史を通じて世界の諸人民の間に疑惑と不信をおこした共通の原因であり、この疑惑と不信のために、諸人民の不一致があまりにもしばしば戦争となった。

　ここに終りを告げた恐るべき大戦争は、人間の尊厳・平等・相互の尊重という民主主義の原理を否認し、これらの原理の代りに、無知と偏見を通じて人間と人種の不平等という教義をひろめることによって可能にされた戦争であった。

　文化の広い普及と正義・自由・平和のための人類の教育とは、人間の尊厳に欠くことのできないものであり、且つすべての国民が相互の援助及び相互の関心の精神をもって果さなければならない神聖な義務である。

　政府の政治的及び経済的取極のみに基く平和は、世界の諸人民の、一致した、しかも永続する誠実な支持を確保できる平和ではない。よって平和は、失われないためには、人類の知的及び精神的連帯の上に築かなければならない。

　これらの理由によって、この憲章の当事国は、すべての人に教育の充分で平等な機会が与えられ、客観的真理が拘束を受けずに探究され、且つ、思想と知識が自由に交換されるべきことを信じて、その国民の間における伝達の方法を発展させ及び増加させること並びに相互に理解し及び相互の生活を一層真実に一層完全に知るためにこの伝達の方法を用いることに一致し及び決意している。

　その結果、当事国は、世界の諸人民の教育、科学及び文化上の関係を通じて、国際連合の設立の目的であり、且つその憲章が宣言している国際平和と人類の共通の福祉という目的を促進するために、ここに国際連合教育科学文化機関を創設する。

第1条　　目的及び任務

1　この機関の目的は、国際連合憲章が世界の諸人民に対して人種、性、言語又は宗教の差別なく確認している正義、法の支配、人権及び基本的自由に対する普遍的な尊重を助長するために教育、科学及び文化を通じて諸国民の間の協力を促進することによって、平和及び安全に貢献することである。
2　この目的を実現するために、この機関は、次のことを行う。
  (a)　大衆通報（マス・コミュニケーション）のあらゆる方法を通じて諸人民が相互に知り且つ理解することを促進する仕事に協力すること並びにこの目的で言語及び表象による思想の自由な交流を促進するために必要な国際協定を勧告すること。
  (b)　次のようにして一般の教育と文化の普及とに新しい刺激を与えること。
　　　加盟国の要請によって教育事業の発展のためにその国と協力すること。
　　　人種、性又は経済的若しくは社会的な差別にかかわらない教育の機会均等の理想を進めるために、諸国民の間における協力の関係をつくること。
　　　自由の責任に対して世界の児童を準備させるのに最も適した教育方法を示唆すること。
  (c)　次のようにして知識を維持し、増進し、且つ、普及すること。
　　　世界の遺産である図書、芸術作品並びに歴史及び科学の記念物の保存及び保護を確保

し、且つ、関係諸国民に対して必要な国際条約を勧告すること。

教育、科学及び文化の分野で活動している人々との国際的交換並びに出版物、芸術的及び科学的に意義のある物その他の参考資料の交換を含む知的活動のすべての部門における諸国民の間の協力を奨励すること。

いずれの国で作成された印刷物及び刊行物でもすべての国の人民が利用できるようにする国際協力の方法を発案すること。

3 この機関の加盟国の文化及び教育制度の独立、統一性及び実りの多い多様性を維持するために、この機関は、加盟国の国内管轄権に本質的に属する事項に干渉することを禁止される。

第2条 　　加盟国の地位

1 　国際連合の加盟国の地位は、国際連合教育科学文化機関の加盟国となる権利を伴う
2 　この憲章の第10条によって承認されるべきこの機関と国際連合との間の協定の条件に従うことを条件として、国際連合の加盟国でない国は、執行委員会の勧告に基き、総会の三分の二の多数の投票でこの機関の加盟国となることを認められることができる。
3 　国際関係の処理について責任を負わない地域又は地域群は、その国際関係について責任を負う加盟国その他の当局が当該地域又は地域群に代って行った申請に基き、総会が、出席し且つ投票する加盟国の三分の二の多数によって準加盟国として認めることができる。準加盟国の権利及び義務の性質及び範囲は、総会が決定する。
4 　この機関の加盟国で国際連合の加盟国の権利及び特権の行使を停止されたものは、国際連合の要請に基き、この機関の加盟国の権利及び特権を停止される。
5 　この機関の加盟国で国際連合から除名されたものは、自動的にこの機関の加盟国ではなくなる。
6 　機関の加盟国又は準加盟国は、事務局長にあてた通告により機関から脱退することができる。この通告は、それが行われた年の翌年の12月31日に効力を生ずる。このような脱退は、それが効力を生じた日に機関に対して負っている財政上の義務に影響を及ぼすものではない。準加盟国の脱退の勧告は、その準加盟国の国際関係について責任を負う加盟国その他の当局がその準加盟国に代って行う。
7 　各加盟国は、この機関に対する常駐代表を任命する権利がある。
8 　加盟国の常任代表は、この機関の事務局長に信任状を提出しなければならず、信任状提出の日から公式に職務を遂行する。

第3条 　　諸機関

この機関は、総会、執行委員会及び事務局をもつ。

第4条 　総会

A 　構成

1 　総会は、この機関の加盟国の代表者で構成する。各加盟国の政府は、国内委員会が設立されているときはこれと、国内委員会が設立されていないときは教育、科学及び文化に関する諸団体と、それぞれ協議して選定する5人以内の代表を任命しなければならない。

B 　任務

2 　総会は、この機関の政策と事業の主要な方針を決定する。総会は、執行委員会が提出した計画についての決定をする。
3 　総会は、望ましいと認めるときは、総会が定める規則に従い、教育、科学、人文学又は

知識の普及に関する国家間の国際会議を召集する。同様の議題に関する非政府機関間の会議は、総会又は執行委員会が前記の規則に従い召集することができる。

4 　総会は、加盟国に提出する提案の採択に当り、勧告と加盟国の承認を得るために提出される国際条約とを区別しなければならない。前者の場合には、過半数の投票で足りるが、後者の場合には、三分の二の多数を必要とする。各加盟国は、勧告又は条約が採択された総会の閉会後1年の期間内に、その勧告又は条約を自国の権限のある当局に提出しなければならない。

5 　総会は、第5条6（c）の規定に従うことを条件として、国際連合が関心を有する事項の教育、科学及び文化に関する面について、この機関と国際連合との適当な当局の間で合意した条件及び手続に従い、国際連合に助言する。

6 　総会は、加盟国が4に規定する勧告及び条約に基いてとった措置に関しこの機関に送付する報告書又は総会が決定するときはその報告書の分析的概要を受領し及び検討する。

7 　総会は、執行委員会の委員を選挙し、且つ、執行委員会の勧告に基いて、事務局長を任命する。

C 　表決

8 (a) 各加盟国は、総会において一の投票権を有する。決定は、この憲章又は総会の手続規則の規定によって三分の二の多数を必要とする場合を除き、単純過半数によって行う。過半数とは、出席し且つ投票する加盟国の過半数とする。

(b) 加盟国は、その国の未払分担金の総額が、当該年度及びその直前の暦年度についてその国が支払うべき分担金の総額をこえるときは、総会で投票権を有しない。

(c) もっとも、総会は、支払の不履行が加盟国にとってやむを得ない事情によるものであると認めたときは、当該加盟国に投票することを許すことができる。

D 　手続

9 (a) 総会は、通常会期として二年ごとに会合する。総会は、自ら決定したとき、執行委員会が召集したとき、又は少なくとも加盟国の三分の一の要求があったときは、臨時会期として会合することができる。

(b) 各会期において、次回の通常会期の開催地は、総会が指定する。臨時会期の開催地は、総会がその会期を召集する場合には総会が決定し、その他の場合には執行委員会が決定する。

10 　総会は、その手続規則を採択する。総会は、各会期において議長及び他の役員を選挙する。

11 　総会は、特別委員会及び技術委員会その他総会の目的のために必要な補助機関を設ける。

12 　総会は、その定める規則に従うことを条件として、会合が公開されるように措置しなければならない。

E 　オブザーバー

13 　総会は、執行委員会の勧告に基づき、且つ、三分の二の多数によって、その手続規則に従うことを条件として、総会又はその委員会の特定の会期に第11条第4項に規定されているような国際機関の代表者をオブザーバーとして招請することができる。

14 　執行委員会が民間の又は準政府的の国際諸機関のために協議に関する取極を第11条第4項に規定されている方法で承認したときは、これらの諸機関は、総会及びその委員会の会期にオブザーバーを送ることを勧誘される。

F 　経過規定

15 　9 (a) の規定にかかわらず、総会は、その第22回会期をその第21回会期の後三年目の年に開催する。

第5条　　　執行委員会
A　構成
1 (a) 執行委員会は、総会が選挙した58人の加盟国で構成する。総会議長は、職権により助言的資格で列席する。
  (b) 選挙された執行委員会の構成国は、以下「執行委員国」という。
2 (a) 各執行委員国は、一人の代表者を任命しなければならない。また、各執行委員国は、代表者代理を任命することが出来る。
  (b) 執行委員会における代表者を選定するに当たり、執行委員国は、一又は二以上の国際連合教育科学文化機関の権限の分野において資格を有し、かつ、委員会の行政上及び執行上の任務をはたすために必要な経験及び能力を有する者を任命するように努力しなければならない。例外的な事情により代表者の交代が正当なものとなる場合を除くほか、選挙された各構成国の代表者は、継続性が重要であることに留意し、当該選挙された各構成国により任命された代表者代理は、代表者が不在の場合、代表者のすべての任務を行わなければならない。
3 執行委員国を選挙するに当たり、総会は、文化の多様性及び均衡のとれた地理的分布に考慮を払わなければならない。
4 (a) 執行委員会は、自国が選挙された総会の閉会の時からその選挙が行われた後第二回目の総会の通常会期の閉会の時まで在任する。総会は、各通常会期において、当該通常会期の終了の時に生ずる欠員を補充するために必要な数の構成国を選挙する。
  (b) 執行委員会は、再選されることができる。再選された執行委員国は、執行委員会における自国の代表者を交代されるよう努力しなければならない。
5 執行委員国がこの機関から脱退する場合には、当該執行委員国の任期は、脱退が効力を生じた日に終了する。
B　任務
6 (a) 執行委員会は、総会の議事日程を準備する。執行委員会は、第6条3に従い事務局長が提出したこの機関の事業計画及びそれに対応する予算見積書を検討し、且つ、これらを望ましいと認める勧告を附して総会に提出する。
  (b) 総会の権威の下に行動する執行委員会は、総会が採択した計画の実施につき責任を負う。執行委員会は、総会の決定に従い、且つ、通常会期との間に生じた事情を考慮して、事務局長がその計画を有効且つ合理的に実施することができるようにするために必要なすべての措置を執る。
  (c) 執行委員会は、総会の通常会期と通常会期との間において、助言を求められた問題が総会により既に原則的に処理されているとき、又はその解決が総会の決定の中に含まれていると認められるときは、第4条第5に掲げる国際連合の助言者としての任務を遂行することができる。
7 執行委員会は、新加盟国がこの機関に加入することの承認を総会に勧告する。
8 総会の決定に従うことを条件として、執行委員会はその手続規則を採択する。執行委員会は、その委員の中からその役員を選挙する。
9 執行委員会は、定期会期として毎年少くとも2回会合するものとし、議長がその発意によって又は執行委員会の6人の委員の要請に基いて招集したときは、特別会期として会合することができる。
10 執行委員会議長は、執行委員会を代表して、事務局長が第6条3 (b) の規定に従って準備しなければならない機関の活動に関する報告を、見解を付けて、又はこれを付けないで、総会の各通常会期に提出する。

11 執行委員会は、国際機関の代表者又は委員会の権限内の問題にたずさわっている専門家と協議するためのすべての必要な措置を執る。
12 執行委員会は、総会の会期と会期との間においては、この機関の活動の分野において生ずる法律問題に関して国際司法裁判所の勧告的意見を要請することができる。
13 執行委員会の委員は、各自の政府の代表ではあるが、総会から委任された権限を総会全体に代って行使しなければならない。
C 経過規定
14 3の規定にかかわらず、
  (a) 総会の第17回会期前に選挙された委員は、その任期の終了の時まで在任する。
  (b) 総会の第17回会期前に4の規定に従い執行委員会が4年の任期を有する委員の後継者として任命した委員は、4年の任期で再選されることができる。

第6条　　事務局

1 事務局は、事務局長及び必要な職員で構成する。
2 事務局長は、総会が承認する条件で、執行委員会が指名し、四年の任期で総会が任命するものとする。事務局長は、さらに四年の任期につき再任されることができるものとするが、その後は引き続き再任されることはできない。事務局長は、この機関の首席の行政上の役員とする。
3 (a) 事務局長又はその指定する代理者は、総会、執行委員会及びこの機関の諸委員会のすべての会合に投票権なしで参加する。事務局長は、総会及び執行委員会が適当な措置を執るための提案を作成し、並びにこの機関の事業計画案及びこれに対応する予算見積書を執行委員会に提出するため準備するものとする。
  (b) 事務局長は、機関の活動に関する定期報告を準備し、且つ、加盟国及び執行委員会に送達する。総会は、これらの報告の対象となる期間を決定する。
4 事務局長は、総会が承認する職員規則に従い、事務局職員を任命する。職員の任命は、誠実、能率及び技術的能力の最高水準を確保することに最大の考慮を払うことを条件として、できる限り広い地理的基礎に基いて行わなければならない。
5 事務局長及び職員の責任は、性質上もっぱら国際的なものである。事務局長及び職員は、その任務の遂行に当って、いかなる政府からも又はこの機関外のいかなる権力からも訓令を求め、又は受けてはならない。事務局長及び職員は、国際的役員としての地位を損ずる虞のあるいかなる行動をも慎まなければならない。この機関の各加盟国は、事務局長及び職員の責任の国際的な性質を尊重すること並びにこれらの者の任務の遂行に当ってこれらの者を左右しようとしないことを約束する。
6 この条のいかなる規定も、国際連合内で、この機関が共通の業務及び兼任の職員並びに職員の交流のための特別の取極を締結することを妨げるものではない。
経過規定
7 2の規定にかかわらず、執行委員会が指名し、1980年の総会が任命する事務局長の任期は、7年とする。

第7条　　国内協力団体

1 各加盟国は、教育、科学及び文化の事項にたずさわっている自国の主要な団体をこの機関の事業に参加させるために、その特殊事情に即する措置を執らなければならない。その措置としては、広く政府及びこれらの団体を代表する国内委員会の設立によることが望ましい。
2 国内委員会又は国内協力団体があるところでは、これらは、この機関に関係がある事項

について総会における各自国の代表団、執行委員会における各自国の代表者及び代表者代理並びに自国の政府に対して、助言的資格で行動し、かつ、この機関に関係があるすべての事項について連絡機関としての任務を行う。

3 　この機関は、加盟国の要請に基いて、その国の国内委員会に対し、その事業の発展を援助するために臨時的に又は恒久的に事務局員一人を派遣することができる。

第8条　　加盟国による報告

各加盟国は、総会が決定する時期に及び様式で、自国の教育、科学及び文化の機関及び活動に関する法令、規則及び統計についての報告書並びに第4条4に規定する勧告及び条約に基いてとった措置についての報告書をこの機関に提出しなければならない。

第9条　　予算

1 　予算は、この機関の所管とする。
2 　総会は、第10条に従って締結される協定で規定されることのある国際連合との取極に従うことを条件として、予算及びこの機関の加盟国に対する財政的負担の割当を承認し、且つ、これに最終的効力を与える。
3 　事務局長は、財政規則に定める条件に従うことを条件として、政府、公私の機関、協会及び個人から直接に任意拠出金、贈与、遺贈及び補助金を受けることができる。

第10条　　国際連合との関係

この機関は、国際連合憲章第57条に掲げた専門機関の一として、なるべくすみやかに国際連合と関係をもたされる。この関係は、国際連合憲章第63条に基く国際連合との協定によって設定し、この協定は、この機関の総会の承認を受けなければならない。この協定は、共通の目的を達成するための両機関の間における有効な協力を規定し、同時に、この憲章に定めた権限の範囲内におけるこの機関の自治を承認しなければならない。この協定は、特に国際連合総会によるこの機関の予算の承認及びその財源の提供について規定することができる。

第11条　　他の国際専門諸機関との関係

1 　この機関は、他の政府間専門諸機関でその関心及び活動がこの機関の目的と関係があるものと協力することができる。このために、執行委員会の全般的権威の下に行動する事務局長は、これらの諸機関と実効的な関係を設定することができ、且つ、有効な協力を確保するために必要な共同委員会を設けることができる。これらの諸機関と締結する正式の取極は、執行委員会の承認を受けなければならない。
2 　この機関の総会並びに目的及び任務がこの機関の権限内にある他の政府間専門諸機関の権限のある当局がその資産及び活動をこの機関に移譲することを望ましいと認めるときはいつでも、事務局長は、総会の承認を条件として、この目的のための相互に受諾しうる取極を締結することができる。
3 　この機関は、会合に相互に代表を出席させるために他の政府間諸機関と適当な取極をすることができる。
4 　国際連合教育科学文化機関は、その権限内の事項にたずさわっている民間の国際諸機関と協議及び協力のための適当な取り極めをすることができ、並びにこれらの諸機関に特定の任務を引き受けるように勧誘することができる。また、このような協力は、総会が設立した助言委員会にこれらの機関の代表者が適当に参加することを含むことができる。

第12条　この機関の法的地位
　国際連合の法的地位並びに特権及び免除に関する国際連合憲章第104条及び第105条の規定は、この機関にも同様に適用される。

第13条　改正
1　この憲章の改正提案は、総会の三分の二の多数によって承認を受けるときに効力を生ずる。但し、この機関の目的の根本的変更又は加盟国に対する新たな義務を伴う改正が効力を生ずるためには、その承認の後に加盟国の三分の二が受諾することを必要とする。改正の提案の案文は、総会による審議の少くとも6箇月前に、事務局長が加盟国に通報しなければならない。
2　総会は、この条の規定を実施するための手続規則を三分の二の多数によって採択する権限を有する。

第14条　解釈
1　この憲章のイギリス語及びフランス語の本文は、ひとしく正文とみなす。
2　この憲章の解釈に関する疑義又は紛争は、総会がその手続規則に基いて決定するところにより、国際司法裁判所又は仲裁裁判に決定のために付託する。

第15条　効力の発生
1　この憲章は、受託を受けなければならない。受諾書は、連合王国政府に寄託しなければならない。
2　この憲章は、連合王国政府の記録に署名のために開放しておく。署名は、受諾書の寄託の前でも後でも行うことができる。受諾は、署名が前に行われているか又は後に行われなければ効力を生じない。
3　この憲章は、署名国のうちの20が受諾したときに効力を生ずる。その後の受諾は、直ちに効力を生ずる。
4　連合王国政府は、すべての受諾書の受領及びこの憲章が前項に従って効力を生ずる日を、国際連合のすべての加盟国に通知する。

　以上の証拠として、下名は、このために正当に委任を受け、イギリス語及びフランス語のこの憲章に署名した。両本文は、ひとしく正文とする。
　1945年11月16日にロンドンにおいてイギリス語およびフランス語で本書一通を作成した。その認証謄本は、連合王国政府が国際連合のすべての加盟国に送付する。

（以下省略）
　　　　（署名省略）

ユネスコとは

【図表3】ユネスコ　組織と機構

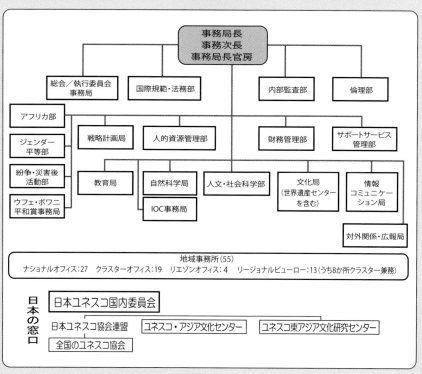

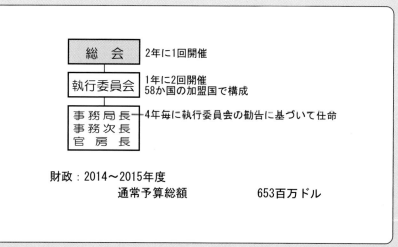

【図表 4】ユネスコ　歴史

年	内　容
1945年	ユネスコ憲章採択（連合国教育大臣会議）
1946年	ユネスコ憲章発効（ユネスコ創設）
1948年	日本ユネスコ協力会連盟結成。（1951年日本ユネスコ協会連盟に改称）
1951年	日本がユネスコに加盟。
1954年	武力紛争の際の文化財の保護の為の条約を採択。
1961年	日本ユネスコ国内委員会設置。
	政府間海洋学委員会（IOC）事業発足。
	ユネスコ東アジア文化センター設立。
1971年	人間と生物圏（MAB）計画発足。
	㈶ユネスコ・アジア文化センター（ACCU）設立。
1972年	世界遺産条約を採択。
	文化遺産及び自然遺産の国内的保護に関する勧告。
1974年	アジア・太平洋地域教育開発計画（APEID）発足。
	国際理解、国際協力及び国際平和の為に教育並びに人権及び基本的自由についての教育に関する勧告。
1976年	歴史的地区の保全及び現代的役割に関する勧告。
1984年	米国、ユネスコを脱退。
1985年	英国、シンガポール、ユネスコを脱退。
1987年	教育の完全普及に関するアジア・太平洋地域事業計画（APPEAL）発足。
1989年	伝統的文化及び民間伝承の保護に関する勧告。
1990年	万人のための教育世界会議
1991年	ユネスコ憲章改正（執行委員会制度改革）
1992年	日本、世界遺産条約を受諾。
	メモリー・オブ・サ・ワールド（世界の記憶遺産プログラム）を開始。
1994年	社会変容のマネージメント事業（MOST）発足。
1997年	英国、ユネスコに復帰。
	ヒトゲノムと人権に関する世界宣言。
1998年	世界高等教育会議（パリ）
	「人類の口承及び無形遺産の傑作」を讃える為の規約を決議。
1999年	世界科学会議（ブダペスト）
	松浦晃一郎氏、ユネスコ事務局長に就任。
2000年	世界教育フォーラム（ダカール）
2001年	文化的多様性に関する世界宣言。
2003年	米国、ユネスコに復帰。
2004年	無形文化遺産保護条約を採択。
2005年	文化の多様性条約を採択。
2009年	イリーナ・ボコヴァ氏、ユネスコ事務局長に就任。
2012年	世界遺産条約採択40周年。
2014年	ユネスコESD世界会議が、愛知県名古屋市で開催される。
2015年	ユネスコ70周年。

エッフェル塔から見たユネスコ本部

エッフェル塔近くのフォントノア広場にあるユネスコ本部

ユネスコ本部内の寛容の広場

ユネスコ本部内にあるユネスコ世界遺産センター

ユネスコ本部で最大の第一会議場

ミオリス通りにあるユネスコ本部の別館

世界遺産とは

アブ・シンベルからフィラエまでのヌビア遺跡群
(Nubian Monuments from Abu Simbel to Philae)
文化遺産(登録基準(i)(iii)(vi))　1979年年登録　エジプト

ダム建設で水没の危機にあったが、ユネスコの国際的な
キャンペーンで救済された象徴的な世界遺産

世界遺産とは

　世界遺産(英語 World Heritage 仏語 Patrimoine Mondial)とは、人類が歴史に残した偉大な文明の証明ともいえる遺跡や文化的な価値の高い建造物、そして、この地球上から失われてはならない貴重な自然環境を保護・保全することにより、私たち人類の共通の財産(Our common heritage)を後世に継承していくことを目的に、1972年11月16日にユネスコのパリ本部で開催された第17回ユネスコ総会において満場一致で採択され1975年12月17日に発効した「世界の文化遺産及び自然遺産の保護に関する条約」(Convention concerning the Protection of the World Cultural and Natural Heritage 略称:世界遺産条約 World Heritage Convention)【図表5】に基づく「世界遺産リスト」(World Heritage List)に登録されている物件のことです。

　この世界遺産の考え方が生まれたのは、ナイル川のアスワン・ハイ・ダムの建設計画で、1959年に水没の危機にさらされたアブ・シンベル神殿やイシス神殿などのヌビア遺跡群の救済問題でした。この時、ユネスコが遺跡の保護を世界に呼びかけ、多くの国々の協力で移築したことにはじまります。

　1971年、翌年イエローストーン国立公園が100周年を迎えることを記念し、ニクソン大統領が「世界遺産トラスト」を提案、この後、IUCN(国際自然保護連合)とユネスコが世界遺産の概念を具体化するべく世界遺産条約の草案を作成しました。

　また、同年にはユネスコとICOMOS(国際記念物遺跡会議)による「普遍的価値を持つ記念物建造物群、遺跡の保護に関する条約案」が提示されました。

　そして、ユネスコはアメリカの提案も受けて、自然・文化の両遺産を統合するための専門家会議を開催、これを受けて両草案はひとつにまとめられました。

　1972年にストックホルムで開催された国連人間環境会議で条約の草案報告を経て、同年パリで開催された第17回ユネスコ総会において「世界の文化遺産及び自然遺産の保護に関する条約」(通称:世界遺産条約)が採択されました。【図表6】

　このように人類共通の遺産を、国家、民族、人種、宗教をこえて、国際的に協力しあい、保護、保存することの必要性から生まれた概念が世界遺産なのです。

　世界遺産条約を締約している締約国(State Parties)から推薦された物件は、毎年開催される世界遺産委員会(World Heritage Committee)【図表7】の審議を経て世界遺産に登録されます。

　また、各締約国の拠出した世界遺産基金(World Heritage Fund)から、必要に応じて保護活動(Safeguarding Activities)に対する国際援助(International Assistance)が行われています。

　世界遺産とは、ユネスコの世界遺産リストに登録されている世界的に顕著な普遍的価値(Outstanding Universal Value)をもつ遺跡、建造物群、記念物、そして、自然景観、地形・地質、生態系、生物多様性など、国家や民族を超えて未来世代に引き継いでいくべき人類共通のかけがえのない地球が造形した自然遺産や人類が創造した文化遺産です。

　こうした世界遺産に対する考え方の根底には、自然遺産や文化遺産は、その国やその国の民族

だけのものではなく、地球に住む私たち一人一人にとってもかけがえのない宝物であり、その保護・保全は人類共通の課題であるという共通認識があります。

　世界遺産は、単に、ユネスコの世界遺産に登録され国際的な認知を受けることだけが目的ではありません。

Protecting natural and cultural properties of outstanding universal value against the threat of damage in a rapidly developing world（Proteger les biens naturels et culturels de valeur universelle exceptionnelle, contre la menace d'un monde en evolution rapide）

　「顕著な普遍的価値」を持つ自然遺産や文化遺産を損傷の脅威から守るために、その重要性を広く世界に呼びかけ、保護・保全のための国際協力を推し進めていくことが世界遺産の基本的な考え方といえます。

❏世界遺産の種類と数

　ユネスコの世界遺産は、自然遺産、文化遺産、複合遺産の3つの種類があり、2015年4月現在、1007件（自然遺産197件、文化遺産779件、複合遺産31件）が、世界の161の国と地域に分布しています。【図表8】

　世界遺産の数は、遺産種別・地域別・国別の数は【図表9】【図表10】の通りです。また、これまでの世界遺産登録物件数の登録年別の推移は【図表11】の通りです。

（1）自然遺産

　自然遺産（Natural Heritage）についての語義については、世界遺産条約の第2条で定義されています。

　自然遺産とは、無生物、生物の生成物、または、生成物群からなる特徴のある自然の地域で、鑑賞上、または学術上、「顕著な普遍的価値」（Outstanding Universal Value）を有するもの、そして、地質学的、または、地形学的な形成物および脅威にさらされている動物、または、植物の種の生息地、または、自生地として区域が明確に定められている地域で、学術上、保全上、または、景観上、顕著な普遍的価値を有するものと定義することができます。

　自然遺産（含む複合遺産）は、2015年4月現在、228物件（含む複合遺産の31物件）ありますが、シミエン国立公園（エチオピア）、イエローストーン国立公園（アメリカ合衆国）、ナハニ国立公園（カナダ）、ガラパゴス諸島（エクアドル）の4物件が1978年の第2回世界遺産委員会で初めて、「世界遺産リスト」に登録されました。

　自然遺産に係わる4つの登録基準のすべてを満たすものは、バレ・ドゥ・メ自然保護区（セイシェル）、ンゴロンゴロ保全地域（タンザニア）＜複合遺産＞、ナミブ砂海（ナミビア）、ムル山国立公園（マレーシア）、雲南保護地域の三江併流（中国）、クィーンズランドの湿潤熱帯地域（オーストラリア）、グレート・バリア・リーフ（オーストラリア）、西オーストラリアのシャーク湾（オーストラリア）、タスマニア原生地域（オーストラリア）＜複合遺産＞、テ・ワヒポウナム-南西ニュージーランド（ニュージーランド）、バイカル湖（ロシア連邦）、カムチャッカの火山群（ロシア連邦）、イエローストーン国立公園（アメリカ合衆国）、グランドキャニオン国立公園（アメリカ合衆国）、グレートスモ

ーキー山脈国立公園（アメリカ合衆国）、クルエーン／ラングルーセントエライアス／グレーシャーベイ／タッシェンシニ・アルセク（カナダ／アメリカ合衆国）、タラマンカ地方―ラ・アミスター保護区群／ラ・アミスター国立公園（コスタリカ／パナマ）、ガラパゴス諸島（エクアドル）、サンガイ国立公園（エクアドル）、リオ・プラターノ生物圏保護区（ホンジュラス）、カナイマ国立公園（ヴェネズエラ）の21物件です。

　自然遺産の中には、自然災害や人為災害などの原因や理由から「危機にさらされている世界遺産のリスト」に登録され、緊急的な救済措置と恒久的な保護・保全を図る為の国際的な協力及び援助の体制を急務とする物件も数多くあります。

　また、自然遺産は、生態系、生物種、種内（個体群、遺伝子）など生物多様性の保全との関わりから「生物多様性条約」（Convention on Biological Diversity　略語　CBD）、特に水鳥の生息地として国際的に重要な湿地に関する「ラムサール条約」（Ramsar Convention）、絶滅のおそれのある野生動植物の種の保護を目的とする「ワシントン条約」（Washington Convention）、移動性野生動植物の種の保全に関する「ボン条約」（Bonn Convention）などの他の国際条約や計画とも関わりがあります。

（2）文化遺産

　文化遺産(Cultural Heritage)についての語義については、世界遺産条約の第1条で定義されています。

　文化遺産とは、歴史上、芸術上、または、学術上、「顕著な普遍的価値」（Outstanding Universal Value）を有する記念物、建築物群、記念的意義を有する彫刻および絵画、考古学的な性質の物件および構造物、金石文、洞穴居ならびにこれらの物件の組合せで、歴史的、芸術上、または、学術上、顕著な普遍的価値を有するものと定義することが出来ます。

　遺跡（Sites）とは、自然と結合したものを含む人工の所産および考古学的遺跡を含む区域で、歴史上、芸術上、民族学上、または、人類学上、「顕著な普遍的価値」を有するものをいいます。

　建造物群（Groups of buildings）とは、独立し、または、連続した建造物の群で、その建築様式、均質性、または、景観内の位置の為に、歴史上、芸術上、または、学術上、「顕著な普遍的」価値を有するものをいいます。

　記念物（Monuments）とは、建築物、記念的意義を有する彫刻および絵画、考古学的な性質の物件および構造物、金石文、洞穴居ならびにこれらの物件の組合せで、歴史的、芸術上、または、学術上、「顕著な普遍的価値」を有するものをいいます。

　文化遺産（含む複合遺産）は、2015年4月現在、810物件（含む複合遺産の31物件）ありますが、ゴレ島（セネガル）、ラリベラの岩の教会（エチオピア）、アーヘン大聖堂（ドイツ）、クラクフの歴史地区（ポーランド）、ヴィエリチカ塩坑（ポーランド）、メサ・ヴェルデ国立公園（アメリカ合衆国）、ランゾー・メドーズ国立史跡（カナダ）、キト市街（エクアドル）の8物件が、1978年第2回世界遺産委員会で初めて「世界遺産リスト」に登録されました。

　また、文化遺産の登録基準（i）（ii）（iii）（iv）（v）（vi）をすべて満たす典型的な文化遺産は、莫高窟（中国）、泰山（中国）＜複合遺産＞、ヴェネチアとその潟（イタリア）の3物件です。

　文化遺産には、多様なものが登録されています。例えば、「人間と自然環境との共同作品」で

ある文化的景観(Cultural Landscapes)という概念です。【図表12】

文化的景観とは、文化遺産と自然遺産との中間的な存在で、現在は、文化遺産の分類に含まれており、次の三つのカテゴリーに分類することができます。
1) 庭園、公園など人間によって意図的に設計され創造されたと明らかに定義できる景観
2) 棚田など農林水産業などの産業と関連した有機的に進化する景観
　で、次の2つのサブ・カテゴリーに分けられます。
　①残存する（或は化石）景観（a relict (or fossil) landscape）
　②継続中の景観（continuing landscape）
3) 聖山など自然的要素が強い宗教、芸術、文化などの事象と関連する文化的景観

「杭州西湖の文化的景観」(中国)、「紀伊山地の霊場と参詣道」(日本)、「石見銀山遺跡とその文化的景観」(日本)、「フィリピンのコルディリェラ山脈の棚田」(フィリピン)、「シントラの文化的景観」(ポルトガル)、「ザルツカンマーグート地方のハルシュタットとダッハシュタインの文化的景観」(オーストリア)、「トカイ・ワイン地方の歴史的・文化的景観」(ハンガリー)、「ピエモンテの葡萄畑の景観：ランゲ・ロエロ・モンフェッラート」(イタリア)などがこの範疇に入ります。

文化的景観は、グローバル・ストラテジーで、20世紀の建築、産業遺産とともに、今後優先的に登録する重点分野とされました。【図表13】

また、文化や文明に国境はありません。「シルクロード：長安・天山回廊の道路網」(中国／カザフスタン／キルギス)、「サンティアゴ・デ・コンポステーラへの巡礼道」(スペイン)、「カパック・ニャン、アンデス山脈の道路網」(コロンビア／エクアドル／ボリヴィア／ペルー／チリ／アルゼンチン)などの文化の道、「モシ・オア・トゥニャ(ヴィクトリア瀑布)」(ザンビア／ジンバブエ)、「ワッデン海」(オランダ／ドイツ／デンマーク)、「シュトルーヴェの測地弧」(スウェーデン／ノルウェー／フィンランド／エストニア／ラトヴィア／リトアニア／ロシア連邦／ベラルーシ／ウクライナ／モルドヴァ)など複数国にまたがる世界遺産（Transboundary Nomination）の登録も勧奨されるべきです。

また、「広島の平和記念碑(原爆ドーム)」(日本)、「アウシュヴィッツ・ビルケナウのナチス・ドイツ強制・絶滅収容所」(ポーランド)、「ロベン島」(南アフリカ)、「ビキニ環礁核実験地」(マーシャル諸島)などのように、二度と繰り返されてはならない、いわゆる人類の「負の遺産」といわれるもの、一方、「オーギュスト・ペレによって再建されたル・アーヴル」(フランス)、「ドブロヴニクの旧市街」(クロアチア)、「ワルシャワの歴史地区」(ポーランド)などのように、戦争、紛争、災害の惨状から見事に立ち直った、人類の称えられるべき「復興の遺産」もあります。

文化遺産の中には、自然災害や人為災害などの原因や理由から「危機にさらされている世界遺産のリスト」に登録され、緊急的な救済措置と恒久的な保護・保全を図る為の国際的な協力及び援助の体制を急務とする物件も数多くあります。

また、文化遺産は、「武力紛争の際の文化財の保護の為の条約」、「文化財の不法な輸入、輸出及び所有権譲渡の禁止及び防止の手段に関する条約」、「盗取され、または、不法に輸出された文化財に関するユニドロワ条約」、「水中文化遺産保護に関する条約」、「無形文化遺産の保護に関する条約」、「文化的表現の多様性の保護及び促進に関する条約」などの他の国際条約や計画とも関わりがあります。

(3) 複合遺産

　自然遺産と文化遺産の両方の登録基準を満たしている物件が複合遺産(Mixed Cultural and Natural Heritage)で、最初から複合遺産として登録される場合と、はじめに、自然遺産、或は、文化遺産として登録され、その後、もう一方の遺産としても評価されて複合遺産となる場合があります。

　例えば、トンガリロ国立公園(ニュージーランド)やウルル・カタジュタ国立公園（オーストラリア)は、最初に自然遺産として登録され、その後文化遺産としても登録されて、結果的に複合遺産になりました。

　複合遺産は、世界遺産条約の本旨である自然と文化との結びつきを代表するもので、2015年4月現在、31物件あります。ティカル国立公園(グアテマラ)が1979年の第3回世界遺産委員会ルクソール会議で初めて複合遺産に登録されました。

　その後、泰山、黄山、楽山大仏風景名勝区を含む峨眉山風景名勝区、武夷山(中国)、ギョレメ国立公園とカッパドキアの岩窟群、ヒエラポリス・パムッカレ(トルコ)、ウィランドラ湖群地方、ウルル・カタジュタ国立公園、カカドゥ国立公園、タスマニア原生地域(オーストラリア)、トンガリロ国立公園(ニュージーランド)、アトス山、メテオラ(ギリシャ)、セント・キルダ(英国)、ピレネー地方ペルデュー山(フランス／スペイン)、イビサの生物多様性と文化(スペイン)、ラップ人地域(スウェーデン)、オフリッド地域の自然・文化遺産(マケドニア)、タッシリ・ナジェール(アルジェリア)、バンディアガラの絶壁(ドゴン族の集落)(マリ)、マチュ・ピチュの歴史保護区、リオ・アビセオ国立公園(ペルー)、マロティ・ドラケンスバーグ公園(南アフリカ／レソト)、ロペ・オカンダの生態系と残存する文化的景観(ガボン)、ンゴロンゴロ保全地域(タンザニア)、パパハナウモクアケア(米国)、ワディ・ラム保護区(ヨルダン)、ロックアイランドの南部の干潟(パラオ)、チャンアン景観遺産群(ヴェトナム)、カンペチェ州、カラクムルの古代マヤ都市と熱帯林保護区(メキシコ)が登録されています。

　世界遺産条約の大きな特徴は、それまで、対立するものと考えられてきた自然と文化を、相互に依存したものと考え、共に保護していくことにあります。それは、自然遺産と文化遺産の両方の価値を併せ持った、この複合遺産という考え方にも反映されています。

　一方、世界遺産条約第1条でいう「自然と人間との共同作品」に相当する文化的景観(Cultural Landscapes)とは、文化遺産と自然遺産との中間的な存在で、現在は、文化遺産の分類に含められています。文化的景観は、人間社会または人間の居住地が、自然環境による物理的制約のなかで、社会的、経済的、文化的な内外の力に継続的に影響されながら、どのような進化をたどってきたのかを例証するものです。

　複合遺産と文化的景観、いずれも自然がキーワードになっています。その違いは、複合遺産の自然は、自然遺産関係の登録基準(vii)～(x)、すなわち、世界的な「顕著な普遍的価値」を有する自然景観、地形・地質、生態系、生物多様性のいずれかの基準を一つ以上満たしていることが必要条件であることです。

　一方、文化的景観の自然は、人間の諸活動と関連した周辺の自然環境であり、これらが調和した文化的な共同作品であるということです。

　前記の31の複合遺産のうち、ロペ・オカンダの生態系と残存する文化的景観(ガボン)、楽山大仏

風景名勝区を含む峨眉山風景名勝区(中国)、ウルル-カタ・ジュタ国立公園(オーストラリア)、トンガリロ国立公園(ニュージーランド)、セント・キルダ(英国)、ピレネー地方-ペルデュー山(フランス/スペイン)、ラップ人地域(スウェーデン)は、文化遺産のカテゴリーとして文化的景観も適用されています。

❑世界遺産の現状

2014年6月15日から25日まで、カタールの首都ドーハで、第38回世界遺産委員会(世界遺産条約締約国の191か国から選ばれたアルジェリア、コロンビア、クロアチア、フィンランド、ドイツ、インド、ジャマイカ、日本、カザフスタン、レバノン、マレーシア、ペルー、フィリピン、ポーランド、ポルトガル、カタール、韓国、セネガル、セルビア、トルコ、ヴェトナムの21か国で構成)開催され、幹事国のビューロー・メンバーは、7か国、議長国がカタール(議長:シーカ・アル・マサヤ・ビント・ハマド・ビン・カリファ・アル・サーニ氏)、副議長国は、アルジェリア、コロンビア、ドイツ、日本、セネガルの5か国、報告担当国は、コロンビア(報告担当者:フランシスコ・J・グティエレス氏)が務めました。

日本の「富岡製糸場と絹産業遺産群」、ミャンマーの「ピュー王朝の古代都市群」、ボツワナの「オカバンゴ・デルタ」、サウジアラビアの「歴史都市ジェッダ、メッカへの門」、パレスチナの「オリーブとワインの地パレスチナ-エルサレム南部のバティール村の文化的景観」、トルコの「ペルガモンとその重層的な文化的景観」、ヴェトナムの「チャンアン景観遺産群」、韓国の「南漢山城」、中国の「京杭大運河」、キルギス/中国/カザフスタンの3か国にまたがる「シルクロード:長安・天山回廊の道路網」、イタリアの「ピエモンテの葡萄畑の景観:ランゲ・ロエロ・モンフェッラート」、オランダの「ファン・ネレ工場」、アルゼンチン/ボリヴィア/チリ/コロンビア/エクアドル/ペルーの6か国にまたがる「カパック・ニャン、アンデス山脈の道路網」、アメリカ合衆国の「ポヴァティ・ポイントの記念碑的な土塁」など30か国の26物件が、新たに「世界遺産リスト」に加わりました。

これによりユネスコの世界遺産の数は、自然遺産が197物件、文化遺産が779物件、複合遺産が31物件で、合計では世界の161の国と地域に分布する1007物件になりました。

❑世界遺産の登録要件と登録手順

世界遺産は、民族、人種、宗教、思想などが異なる多様な国際社会で、これらの違いを越えて66億人の人類が共有できる数少ない普遍的な価値概念といえます。

(1) 必要十分条件

世界遺産に登録されるためには、世界遺産にふさわしい「顕著な普遍的価値」の正当性の必要十分条件を証明しなければなりません。【図表14】

世界遺産の登録手順は、【図表15】の通りになります。

必要条件は、ユネスコが設ける世界遺産の登録基準の(i)~(x)の基準の1つ以上に該当することとその根拠の説明が求められるます。【図表16】

十分条件は、第一に、推測や虚偽ではない真実性、或は、形状、意匠、材料、材質などの真正性、それに、重要な構成資産が全て含まれること、特徴を不足なく代表するために適切な大きさが確保されていること、開発や管理放棄による負の影響を受けていないことなどの完全性、第三に、他の類似物件と比較して、比類ない独自性のあることを証明しなければなりません。

日本の神社や寺院、城郭などは、建築材料に木材を使用することが多く、石材やレンガ等とは異なり、長年のうちに腐食などによって劣化するため、その修理にあたっては、同質のものを使用することはなかなか困難で、屋根葺き材や木部の部材は、周期的に一部取替などを行うことがあります。

オーセンティシティの奈良宣言は、こうしたことを背景に採択され、世界遺産条約履行の為の作業指針(オペレーショナル・ガイドラインズ)にも、オーセンティシティの審査は固定された評価基準の枠内で成し得るものではなく、その遺産に固有な文化に根ざして考慮されるべきとされ、その考え方が反映されました。【図表17】

(2) 担保条件

それに、中長期的な保存管理計画があるかどうか、また、保存管理体制が法的にも担保されているかどうかなどです。

❏世界遺産の価値の評価区分と登録区分

当該物件が、世界遺産にふさわしいかどうかの価値評価は、専門機関の国際自然保護連合(IUCN)や国際記念物遺跡会議(ICOMOS)によって、厳正に評価され、世界遺産委員会に答申されます。

自然遺産、並びに文化遺産の評価の手順と評価レポートの項目は、【図表18】【図表19】【図表20】【図表21】の通りで、世界遺産委員会への4つの勧告区分は、次の通りです。

① 登録（記載）勧告（Recommendation for Inscription）
　　世界遺産としての価値を認め、世界遺産リストへの登録（記載）を勧める。
② 情報照会勧告（Recommendation for Referral）
　　世界遺産としての価値は認めるが、追加情報の提出を求めた上で、次回以降の 世界遺産委員会での審議を勧める。
③ 登録（記載）延期勧告（Recommendation for Deferral）
　　より綿密な調査や登録推薦書類の抜本的な改定が必要なもの。登録推薦書類を再提出した後、約1年半をかけて、再度、専門機関のIUCNやICOMOSの審査を受けることを勧める。
④ 不登録（不記載）勧告（Not recommendation for Inscription）
　　登録（記載）にふさわしくないもの。例外的な場合を除いて再推薦は不可とする。

世界遺産委員会は、専門機関の評価に基づいて、「世界遺産リスト」への登録の可否を審議します。世界遺産委員会での登録区分は、下記の通りです。

① 登録（記載）（Inscription）　　世界遺産リストに登録（記載）するもの。

② 情報照会（Referral）　　　　追加情報の提出を求めた上で、次回以降の世界遺産委員会で再審議するもの。
③ 登録(記載)延期（Deferral）　より綿密な調査や登録推薦書類の抜本的な改定が必要なもの。登録推薦書類を再提出した後、約1年半をかけて再度、専門機関のIUCNやICOMOSの審査を受ける必要がある。
④ 不登録(不記載)(Decision not to inscribe)　登録（記載）にふさわしくないもの。例外的な場合を除いては、再度の登録推薦は不可。

❏世界遺産登録のメリットとデメリット

　世界遺産は、「世界遺産リスト」に登録することが目的ではなく、人類共通の財産として、国際的な枠組みのなかで、恒久的に保護していくことが目的であることを忘れてはいけません。

　世界遺産登録をゴールとするのではなく、関係行政機関や地元住民などが一体となって、世界遺産登録後も長期間にわたる保存管理や監視活動に尽力していくことが重要です。

　従って、本来、目先の利益や不利益などのメリットやデメリットを論ずるべきものではありませんが、敢えて、そのメリットやデメリットを幾つか挙げてみたいと思います。

（1）世界遺産登録のメリット

　地球と人類の至宝であるユネスコの世界遺産になることによって世界的な知名度が高まります。また、世界遺産地に住む人、働く人、学ぶ人、また、出身の人達にとって、郷土を誇りに思う心、ふるさとを愛する気持ちなど心理面な意識効果が大きくなります。

　テレビ番組や新聞などのメディアで取り上げられることも多くなり、必然的に、観光入込み客が増加します。これに伴い、観光消費額も増加し、地域経済への貢献度も高くなります。

　中国においては、世界遺産登録に伴う国内外からの観光客の増加が顕著で、世界遺産のある省の観光収入が地域経済の活性化に大きく貢献しており、各省から世界遺産を所管する中国国家文物局等への世界遺産登録申請の陳情が絶えないと聞いています。

　世界遺産になることによる最大のメリットは、保護や保存の為の管理計画を策定しなければならないこともあり、万全の保護や保存の為の管理体制が構築されること、また、世界遺産登録後も多くの人の監視（モニタリング）の目にさらされることもあり、最良のものが更に良くなる好循環のシステムが機能します。

（2）世界遺産登録のデメリット

　一方、世界遺産になったことによって、開発圧力、観光圧力、環境圧力など新たに発生する問題もあります。

　例えば、観光圧力（ツーリズム・プレッシャー）の場合、どこの観光地にも共通することですが、観光客のマナーの問題としては、①落書きなどの悪戯②ゴミなどのポイ捨て　③立小便　④自生植物の踏み荒らし　⑤禁止場所でのたき火や釣り　⑥植物採取などの違反行為　⑦民家の覗き見などが挙げられます。

受け入れ側の問題としては、①交通渋滞　②外国人への対応も含めた世界遺産ガイドの不足　③宿泊施設などの受け入れ施設難など一時的な需給アンバランスがオーバー・ユース現象などを引き起こしています。

さらに、①自動車の排ガス・ゴミ・し尿などの環境問題　②新たな宿泊施設などの建設など開発圧力伴う景観問題などが国内外の世界遺産地で問題になっています。

❑日本の世界遺産の現状

(1) 日本の世界遺産

日本は、1992年に世界遺産条約を締約しました。世界で125番目です。日本の世界遺産は、2015年4月現在、18件が「世界遺産リスト」に登録されています。【図表22】

自然遺産は、1993年登録の「白神山地」(青森県・秋田県)と「屋久島」(鹿児島県)、2005年の「知床」(北海道)、2011年の「小笠原諸島」(東京都)の4件です。

文化遺産は、1993年の「法隆寺地域の仏教建造物」(奈良県)と「姫路城」(兵庫県)、1994年の「古都京都の文化財」(京都府・滋賀県)、1995年の「白川郷・五箇山の合掌造り集落」(岐阜県・富山県)、1996年の「広島の平和記念碑(原爆ドーム)」(広島県)と「厳島神社」(同)、1998年の「古都奈良の文化財」(奈良県)、1999年の「日光の社寺」(栃木県)、2000年の「琉球王国のグスク及び関連遺産群」(沖縄県)、2004年の「紀伊山地の霊場と参詣道」(和歌山県・奈良県・三重県)、2007年の「石見銀山遺跡とその文化的景観」(島根県)、2011年の「平泉-仏国土(浄土)を表す建築・庭園及び考古学的遺跡群」(岩手県)、2013年の「富士山-信仰の対象と芸術の源泉」(山梨県・静岡県)、それに2014年の「富岡製糸場と絹産業遺産群」(群馬県)の14件です。

それぞれの物件に適用されている世界遺産の登録基準は、【図表23】の通りです。自然遺産に関しては、日本の生態系が評価されていることがわかります。文化遺産については、神社、寺社、城郭などを構成資産とし、登録基準の(ii)(iv)(vi)が適用されているもの、すなわち、人類の価値の重要な交流を示すもの、歴史上、重要な時代を例証する優れた例、普遍的出来事、伝統、思想、信仰、芸術、文学的作品と関連するものが比較的多く登録されています。

都道府県別では、奈良県が3件、広島県が2件、北海道、青森県、秋田県、岩手県、栃木県、群馬県、東京都、静岡県、山梨県、岐阜県、富山県、京都府、滋賀県、三重県、和歌山県、兵庫県、島根県、鹿児島県、沖縄県が各1件です。【図表24】

時代区分別では、飛鳥時代、奈良時代、平安時代、鎌倉時代、室町時代、安土桃山時代、江戸時代、明治〜昭和時代のものはありますが、縄文時代、弥生時代、古墳時代のものは、まだありません。【図表25】

(2) 世界遺産暫定リスト記載物件

今後、世界遺産に登録する考えのある暫定リストには、1992年に記載された「古都鎌倉の寺院・神社ほか」(神奈川県)と「彦根城」(滋賀県)、2007年の「長崎の教会群とキリスト教関連遺産」(長崎県・熊本県)、「飛鳥・藤原の宮都とその関連資産群」(奈良県)、「国立西洋美術館本館」(東京都)、

2009年の「北海道・北東北の縄文遺跡群」（北海道・青森県・秋田県・岩手県）、「九州・山口の近代化産業遺産群」（福岡県・佐賀県・長崎県・熊本県・鹿児島県・山口県）、「宗像・沖ノ島と関連遺産群」（福岡県）、2010年の「百舌鳥・古市古墳群」（大阪府）、「金を中心とする佐渡鉱山の遺産群」（新潟県）、2012年の「平泉－仏国土（浄土）を表す建築・庭園及び考古学遺跡群」（岩手県）の合計11物件をノミネートしています。【図表22】

これらのうち、「古都鎌倉の寺院・神社ほか」と「彦根城」は、世界遺産暫定リストに記載されてから20年以上が経過していますが、未だに世界遺産登録が実現していません。

「古都鎌倉の寺院・神社ほか」は、「武家の古都鎌倉」を表題に、2013年の第37回世界遺産委員会プノンペン会議で「富士山」とともに審議の対象になっていましたが、専門機関のイコモスの事前評価が、物証不足ということで「不登録勧告」であったため、推薦書類を取り下げ、再チャレンジすることになりました。

「彦根城」は、同じ城郭建築物である「姫路城」（1993年登録）との違い、比較、優位性などを証明できないためです。

いずれにせよ、世界遺産暫定リスト記載物件については、新たな物件の追加など、定期的な見直しが必要です。

(3) 今後の登録推薦物件

「九州・山口の近代化産業遺産群」（福岡県・佐賀県・長崎県・熊本県・鹿児島県・山口県の6県）は、「明治日本の産業革命遺産－九州・山口と関連地域－」（福岡県・佐賀県・長崎県・熊本県・鹿児島県・山口県・岩手県・静岡県の8県）として、2015年の第39回世界遺産委員会ボン会議での世界遺産登録をめざしています。

「明治日本の産業革命遺産－九州・山口と関連地域－」は、8県にまたがる28の構成資産からなります。そのうち、八幡製鉄所（北九州市）、長崎造船所（長崎市）、三池港（大牟田市）、橋野鉄鋼山（釜石市）は、現在も稼働しています。

「長崎の教会群とキリスト教関連遺産」（長崎県・熊本県）と「国立西洋美術館本館」（東京都）を含む「ル・コルビュジエの建築作品－近代建築運動への顕著な貢献－」（フランス、スイス、ベルギー、ドイツ、日本、アルゼンチン、インドの7か国での共同推薦）の2件は、2016年の第40回世界遺産委員会での世界遺産登録をめざしています。

「長崎の教会群とキリスト教関連遺産」は、日本の神道や仏教などとは異なり、ヨーロッパの世界遺産の専門家の理解を得られやすいのではないかと思います。

「ル・コルビュジエの建築作品－近代建築運動への顕著な貢献－」は、2009年の第33回世界遺産委員会では、「ル・コルビュジエの建築と都市計画」として審議にかけられましたが、「顕著な普遍的価値」の価値評価をめぐって評価が分かれ、「情報照会」の決議となりました。2011年の第35回世界遺産委員会では、資産のタイトルを「ル・コルビュジエの建築作品－近代建築運動への顕著な貢献－」に変更して再審議されましたが、「登録延期」決議となりました。その後、インドが参画し、フランスを中心に再推薦に向けた準備が進められ、2016年の第40回世界遺産委員会での世界遺産登録をめざしています。

【図表 5】世界遺産条約

Convention Concerning the Protection of the World Cultural and Natural Heritage

前文（英文）

The General Conference of the United Nations Education, Scientific and Cultural Organization meeting in Paris from 17 October to 21 November 1972, at its seventeenth session,

<u>Noting</u> that the cultural heritage and the natural heritage are increasingly threatened with destruction not only by the traditional causes of decay, but also by changing social and economic conditions which aggravate the situation with even more formidable phenomena of damage or destruction,

<u>Considering</u> that deterioration or disappearance of any item of the cultural or natural heritage constitutes a harmful impoverishment of the heritage of all the nations of the world,

<u>Considering</u> that protection of this heritage at the national level often remains incomplete because of the scale of the resources which it requires and of the insufficient economic, scientific, and technological resources of the country where the property to be protected is situated,

<u>Recalling</u> that the Constitution of the Organization provides that it will maintain, increase, and diffuse knowledge by assuring the conservation and protection of the world's heritage, and recommending to the nations concerned the necessary international conventions,

<u>Considering</u> that the existing international conventions, recommendations and resolutions concerning cultural and natural property demonstrate the importance, for all the peoples of the world, of safeguarding this unique and irreplaceable property, to whatever people it may belong,

<u>Considering</u> that parts of the cultural or natural heritage are of outstanding interest and therefore need to be preserved as part of the world heritage of mankind as a whole,

<u>Considering</u> that in view of the magnitude and gravity of the new dangers threatening them, it is incumbent on the international community as a whole to participate in the protection of the cultural and natural heritage of outstanding universal value, by the granting of collective assistance which, although not taking the place of action by the State concerned, will serve as an efficient complement thereto,

<u>Considering</u> that it is essential for this purpose to adopt new provisions in the form of a convention establishing an effective system of collective protection of the cultural and natural heritage of outstanding universal value, organized on a permanent basis and in accordance with modern scientific methods,

<u>Having decided,</u> at its sixteenth session, that this question should be made the subject of an international convention,

<u>Adopts</u> this sixteenth day of November 1972 this Convention.

世界の文化遺産及び自然遺産の保護に関する条約
（世界遺産条約）　　前文（和訳）

　国際連合教育科学文化機関（以下　ユネスコ）の総会は、
1972年10月17日から11月21日までパリにおいてその第17回会期として会合し、

　文化遺産及び自然遺産が、衰亡という在来の原因によるのみでなく、一層深刻な損傷、または、破壊という現象を伴って事態を悪化させている社会的及び経済的状況の変化によっても、ますます破壊の脅威にさらされていることに留意し、

　文化遺産及び自然遺産のいずれの物件が損壊し、または、滅失することも、世界のすべての国民の遺産の憂うべき貧困化を意味することを考慮し、

　これらの遺産の国内的保護に多額の資金を必要とするため、並びに、保護の対象となる物件の存在する国の有する経済的、学術的及び技術的な能力が十分でないため、国内的保護が不完全なものになりがちであることを考慮し、

　ユネスコ憲章が、同機関が世界の遺産の保存及び保護を確保し、かつ、関係諸国民に対して必要な国際条約を勧告することにより、知識を維持し、増進し、及び、普及することを規定していることを想起し、

　文化財及び自然の財に関する現存の国際条約、国際的な勧告及び国際的な決議がこの無類の及びかけがえのない物件（いずれの国民に属するものであるかを問わない）を保護することが世界のすべての国民のために重要であることを明らかにしていることを考慮し、

　文化遺産及び自然遺産の中には、特別の重要性を有しており、従って、人類全体のための世界の遺産の一部として保存する必要があるものがあることを考慮し、

　このような文化遺産及び自然遺産を脅かす新たな危険の大きさ及び重大さに鑑み、当該国がとる措置の代わりにはならないまでも有効な補足的手段となる集団的な援助を供与することによって、顕著な普遍的価値を有する文化遺産及び自然遺産の保護に参加することが、国際社会全体の任務であることを考慮し、

　このため、顕著な普遍的価値を有する文化遺産及び自然遺産を集団で保護するための効果的な体制であって、常設的に、かつ、現代の科学的方法により組織されたものを確立する新たな措置を、条約の形式で採択することが重要であることを考慮し、

　総会の第16回会期においてこの問題が国際条約の対象となるべきことを決定して、この条約を1972年11月16日に採択する。

【図表 6】世界遺産条約の成立の経緯とその後の展開

年	内容
1872年	アメリカ合衆国が、世界で最初の国立公園法を制定。イエローストーンが世界最初の国立公園になる。
1948年	IUCN（国際自然保護連合）が発足。
1954年	「軍事紛争における文化財の保護のための条約」（通称：ハーグ条約）をハーグで採択。
1959年	アスワン・ハイ・ダムの建設（1970年完成）でナセル湖に水没する危機にさらされたエジプトの「ヌビア遺跡群」の救済を目的としたユネスコの国際的キャンペーン。文化遺産保護に関する条約の草案づくりを開始。
〃	ICCROM（文化財保存修復研究国際センター）が発足。
1962年	IUCN第1回世界公園会議、アメリカのシアトルで開催。
1960年代半ば	アメリカ合衆国や国連環境会議などを中心にした自然遺産保護に関する条約の模索と検討。
1964年	ヴェネツィア憲章採択。
1965年	ICOMOS（国際記念物遺跡会議）が発足。
1966年	スイス・ルッツェルンでの第9回IUCN・国際自然保護連合の総会において、世界的な価値のある自然地域の保護のための基金の創設について議論。
1967年	アムステルダムで開催された国際会議で、アメリカ合衆国が自然遺産と文化遺産を総合的に保全するための「世界遺産トラスト」を設立することを提唱。
1970年	「文化財の不正な輸入、輸出、および所有権の移転を禁止、防止する手段に関する条約」（通称：文化財不法輸出入等禁止条約）を第16回ユネスコ総会で採択。
1971年	1972年にイエローストーン国立公園が100周年を迎えることを記念し、ニクソン大統領が「世界遺産トラスト」を提案。この後、IUCNとユネスコが世界遺産の概念を具体化するべく世界遺産条約の草案を作成。
〃	ユネスコとICOMOSによる「普遍的価値を持つ記念物、建造物群、遺跡の保護に関する条約案」提示。
1972年	ユネスコはアメリカの提案を受けて、自然・文化の両遺産を統合するための専門家会議を開催、これを受けて両草案はひとつにまとめられた。
〃	ストックホルムで開催された国連人間環境会議で条約の草案報告。
〃	パリで開催された第17回ユネスコ総会において「世界の文化遺産及び自然遺産の保護に関する条約」（通称：世界遺産条約）採択。
1975年	世界遺産条約発効。
1977年	第1回世界遺産委員会がパリにて開催される。
〃	世界遺産条約の履行の為の作業指針（通称：オペレーショナル・ガイドラインズ）の27条の原文が作成される。
1978年	第2回世界遺産委員会がワシントンにて開催される。イエローストーン国立公園、メサ・ヴェルデ国立公園、ナハニ国立公園、ランゾーメドーズ国立歴史公園、ガラパゴス諸島、キト市街、アーヘン大聖堂、ヴィエリチカ塩坑、クラクフの歴史地区、シミエン国立公園、ラリベラの岩の教会、ゴレ島の12物件が初の世界遺産として登録される。（自然遺産4　文化遺産8）
1979年	ユーゴスラヴィア（現モンテネグロ）のモンテネグロ沿岸部で起った大地震で被災した「コトルの自然・文化-歴史地域」が、最初に「危機にさらされている世界遺産リスト」（略称：危機遺産リスト）に登録される。
1982年	世界遺産条約採択10周年＜世界遺産の数 136　自然 33　文化 97　複合 6＞
1989年	日本政府、日本信託基金をユネスコに設置。
1992年	ユネスコ事務局長、ユネスコ世界遺産センターを設立。

〃		日本、世界遺産条約締結を国会で承認、受諾の閣議決定、受諾書寄託、発効。125番目の世界遺産条約締結国となる。
〃		日本、ユネスコに、奈良の寺院・神社、姫路城、日光の社寺、鎌倉の寺院・神社、法隆寺の仏教建造物、厳島神社、彦根城、琉球王国の城・遺産群、白川郷の集落、京都の社寺、白神山地、屋久島の12件の暫定リストを提出。
〃		オペレーショナル・ガイドラインズに「文化的景観」の概念が加えられる。
〃		世界遺産条約採択20周年＜世界遺産の数 378　自然 86　文化 277　複合 15＞
〃		ユネスコが、「メモリー・オブ・ザ・ワールド・プログラム」（Memory of the World Programme）を創設。
1993年		日本、初めて世界遺産委員会の委員国を務める。（任期：1999年までの6年間。1995／1996副議長国）
〃		日本、世界遺産リストに「法隆寺地域の仏教建造物」、「姫路城」、「屋久島」、「白神山地」の4件が登録される。
1994年		「世界文化遺産奈良コンファレンス」を奈良市で開催。「オーセンティシティに関する奈良ドキュメント」を採択。
1995年		「盗取されまたは不法に輸出された文化財に関するユニドロワ条約」（通称：ユニドロワ条約）、ローマで採択。
1996年		IUCN第1回世界自然保護会議、カナダのモントリオールで開催。
1998年		第22回世界遺産委員会が京都にて開催される。
1999年		松浦晃一郎氏、アジアから最初のユネスコ事務局長に就任。
2000年		ケアンズ・デシジョンを採択。
2001年		「水中文化遺産保護に関する条約」を第31回ユネスコ総会で採択。
2002年		国連文化遺産年。
〃		ブダペスト宣言採択。
〃		世界遺産条約採択30周年＜世界遺産の数 730　自然 144　文化 563　複合 23＞
2003年		日本、2回目の世界遺産委員会の委員国を務める。（任期：2007年までの4年間。2006／2007副議長国）
〃		「無形文化遺産の保護に関する条約」（通称：無形文化遺産保護条約）を第32回ユネスコ総会で採択。
2004年		蘇州デシジョンを採択。
2005年		「文化的表現の多様性の保護及び促進に関する条約」を第33回ユネスコ総会で採択。
2006年		ユネスコ創設60周年。
2007年		2007年4月に開催されたユネスコの第176回理事会で採択された「世界遺産条約の枠組みの中で、世界遺産委員会の決議の適切な履行を確保する為のメカニズムを世界遺産委員会で提案すること」の事務局長への要請を受けて、第31回世界遺産委員会クライスト・チャーチ会議で「監視強化メカニズム」を採択。
〃		第31回世界遺産委員会クライスト・チャーチ会議で、オマーンの「アラビアン・オリックス保護区」が世界遺産リストから登録抹消となる。
2009年		第33回世界遺産委員会セビリア会議で、ドイツの「ドレスデンのエルベ渓谷」が世界遺産リストから登録抹消となる。
2011年		日本、3回目の世界遺産委員会の委員国を務める。（任期：2015年までの4年間）
〃		第18回世界遺産条約締約国総会で「世界遺産条約履行の為の戦略的行動計画2012～2022」を決議。
2012年		世界遺産条約採択40周年＜世界遺産の数 962　自然 186　文化 745　複合 29＞
		世界遺産条約採択40周年記念京都会合「世界遺産と持続可能な発展：地域社会の役割」について議論し、成果文書「京都ヴィジョン」を発表。
2015年		世界遺産条約締約国数　191か国（5月現在）
2022年		世界遺産条約採択50周年＜世界遺産の数　？＞

【図表 7】世界遺産委員会のこれまでの開催国

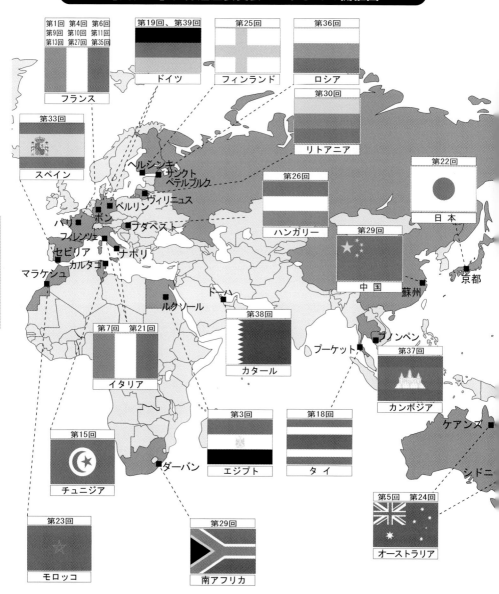

世界遺産条約締約国（191か国）
世界遺産委員会開催国
世界遺産委員会開催都市

【図表 8】世界遺産分布図

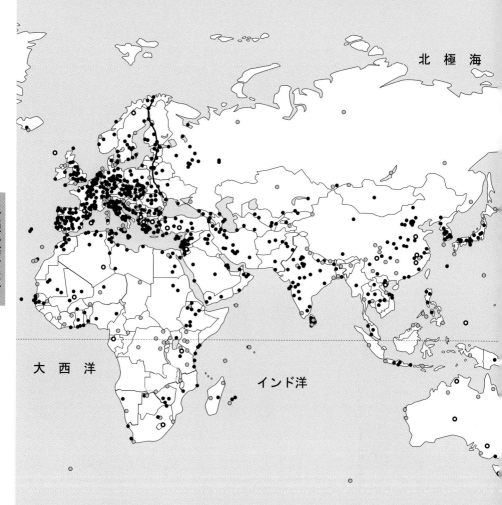

世界遺産の数
- 自然遺産　197物件
- 文化遺産　779物件
- 複合遺産　31物件
- 合計　　1007物件

（2015年4月現在）

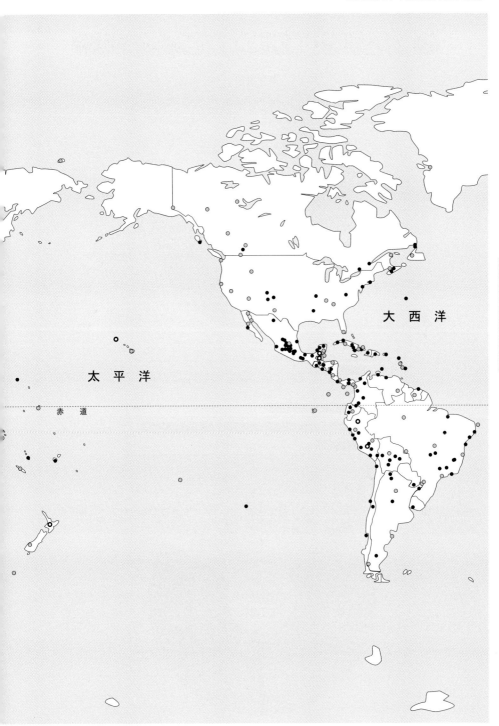

世界遺産入門-平和と安全な社会の構築-

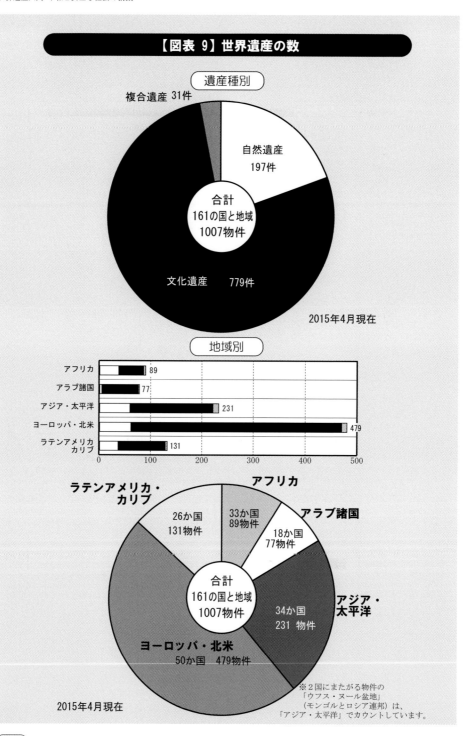

【図表 9】世界遺産の数

シンクタンクせとうち総合研究機構

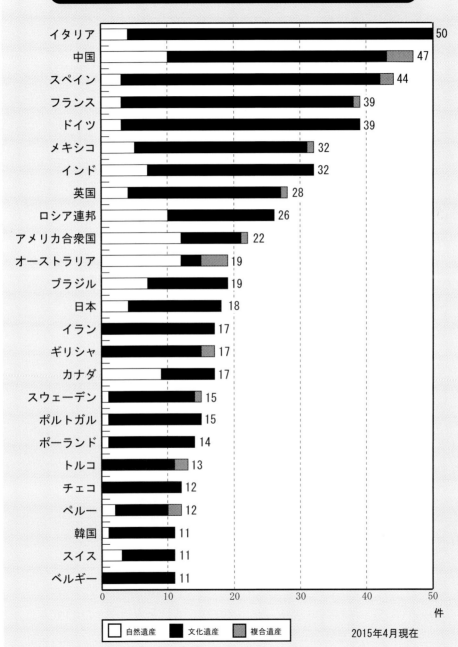

【図表10】世界遺産の数の国別ランキング

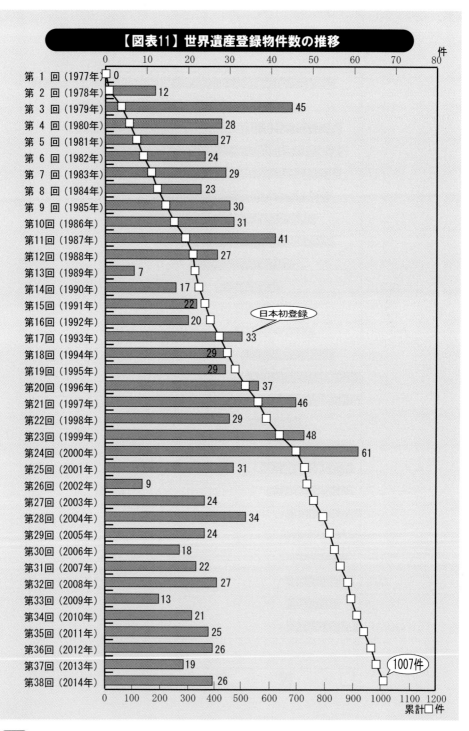

【図表12】文化的景観の概念図

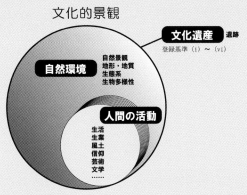

<定義>自然と人間との共同作品である「顕著な普遍的価値」を有する世界文化遺産
<必要条件>文化遺産の登録基準 (i) ～ (vi) のうち、少なくとも1つの基準を満たすこと。

【図表13】グローバル・ストラテジーについて

「世界遺産リストにおける不均衡の是正及び代表性・信頼性の確保のためのグローバル・ストラテジー（The Global Strategy for a Balanced, Representative and Credible World Heritage List）」（以下、「グローバル・ストラテジー」という）は、1994年6月にパリのユネスコ本部において開催された専門家会合における議論をまとめた報告書に基づいて、1994年12月にタイのプーケットで開催された第19回世界遺産委員会プーケット会議において採択されました。

グローバル・ストラテジーは、ICOMOSが行ったGlobal Studyの結果、①ヨーロッパ地域における遺産、②都市関連遺産及び信仰関連遺産、③キリスト教関連資産、④先史時代及び20世紀を除く歴史の遺産、⑤宮殿や城のようなエリートの建築遺産、などの登録が過剰に進んでいるとの認識が示され、このような登録遺産の偏重は文化遺産の多面的かつ広範な視野を狭める傾向を招く一方、生きた文化（living culture）や伝統（living tradition）、民族学的な風景、そして普遍的価値を有し、広く人間の諸活動に関わる事象などは、世界遺産に含まれていないことが確認されました。

そこで、この地理上の、また物件のテーマ別のアンバランスを是正して、世界遺産リストの代表性及び信頼性を確保していくためには、世界遺産の定義を拡大解釈して、世界遺産を「もの」として類型化するアプローチから、広範囲にわたる文化的表現の複雑でダイナミックな性質に焦点をあてたアプローチへと移行させる必要のあることが指摘され、人間の諸活動や居住の形態、生活様式や技術革新などを総合的に含めた人間と土地の在り方を示す事例や、人間の相互作用、文化の共存、精神的・創造的表現に関する事例なども考慮すべきであることが指摘されました。

以上のような指摘を踏まえて、1994年現在、比較研究が進んでいる分野として、産業遺産、20世紀の建築、文化的景観の3つの遺産の種別が示されました。

【図表14】世界遺産登録と「顕著な普遍的価値」の証明について

コア・ゾーン(推薦資産)

登録推薦資産を効果的に保護するたに明確に設定された境界線。

境界線の設定は、資産の「顕著な普遍的価値」及び完全性及び真正性が十分に表現されることを保証するように行われなければならない。

_____ ha

- ●文化財保護法
  国の史跡指定
  国の重要文化的景観指定など
- ●自然公園法
  国立公園、国定公園
- ●都市計画法
  国営公園

バッファー・ゾーン(緩衝地帯)

推薦資産の効果的な保護を目的として、推薦資産を取り囲む地域に、法的または慣習的手法により補完的な利用・開発規制を敷くことにより設けられるもうひとつの保護の網。推薦資産の直接のセッティング(周辺の環境)、重要な景色やその他資産の保護を支える重要な機能をもつ地域または特性が含まれるべきである。

_____ ha

- ●景観条例
- ●環境保全条例

長期的な保存管理計画

登録推薦資産の現在及び未来にわたる効果的な保護を担保するために、各資産について、資産の「顕著な普遍的価値」をどのように保全すべきか(参加型手法を用いることが望ましい)について明示した適切な管理計画のこと。どのような管理体制が効果的かは、登録推薦資産のタイプ、特性、ニーズや当該資産が置かれた文化、自然面での文脈によっても異なる。管理体制の形は、文化的視点、資源量その他の要因によって、様々な形式をとり得る。伝統的手法、既存の都市計画や地域計画の手法、その他の計画手法が使われることが考えられる。

- ●管理主体
- ●管理体制
- ●管理計画

- ●記録・保存・継承
- ●公開・活用(教育、観光、まちづくり)

- ●地域計画、都市計画
- ●協働のまちづくり

登録範囲 / 担保条件

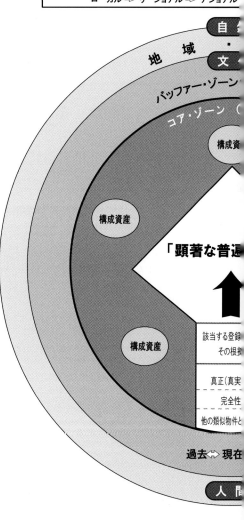

顕著な普遍的価値(Outstan...

国家間の境界を超越し、人類全体にとって現代及び...文化的な意義及び/又は自然的な価値を意味する。国際社会全体にとって最高水準の重要性を有する。

ローカル ⇨ リージョナル ⇨ ナショナル

登録遺産名：〇〇〇〇〇〇〇〇〇〇
日本語表記：〇〇〇〇〇〇〇〇〇〇
位置(経緯度)：北緯〇〇度〇〇分　東経〇
登録遺産の説明と概要：〇〇〇〇〇〇〇〇
　　　　　　　　　　〇〇〇〇〇〇〇〇

世界遺産入門−平和と安全な社会の構築−

必要十分条件の証明

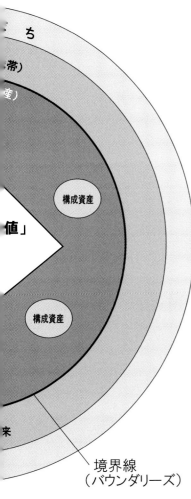

登録基準（クライテリア）

(i) 人類の創造的天才の傑作を表現するもの。
→**人類の創造的天才の傑作**

(ii) ある期間を通じて、または、ある文化圏において、建築、技術、記念碑的芸術、町並み計画、景観デザインの発展に関し、人類の価値の重要な交流を示すもの。
→**人類の価値の重要な交流を示すもの**

(iii) 現存する、または、消滅した文化的伝統、または、文明の、唯一の、または、少なくとも稀な証拠となるもの。
→**文化的伝統、文明の稀な証拠**

(iv) 人類の歴史上重要な時代を例証する、ある形式の建造物、建築物群、技術の集積、または、景観の顕著な例。
→**歴史上、重要な時代を例証する優れた例**

(v) 特に、回復困難な変化の影響下で損傷されやすい状態にある場合における、ある文化（または、複数の文化）、或いは、環境と人間との相互作用、を代表する伝統的集落、または、土地利用の顕著な例。
→**存続が危ぶまれている伝統的集落、土地利用の際立つ例**

(vi) 顕著な普遍的意義を有する出来事、現存する伝統、思想、信仰、または、芸術的、文学的作品と、直接に、または、明白に関連するもの。
→**普遍的出来事、伝統、思想、信仰、芸術、文学的作品と関連するもの**

(vii) もっともすばらしい自然現象、または、ひときわすぐれた自然美をもつ地域、及び、美的な重要性を含むもの。→**自然景観**

(viii) 地球の歴史上の主要な段階を示す顕著な見本であるもの。これには、生物の記録、地形の発達における重要な地学的進行過程、或は、重要な地形的、または、自然地理的特性などが含まれる。
→**地形・地質**

(ix) 陸上、淡水、沿岸、及び、海洋生態系と動植物群集の進化と発達において、進行しつつある重要な生態学的、生物学的プロセスを示す顕著な見本であるもの。→**生態系**

(x) 生物多様性の本来的保全にとって、もっとも重要かつ意義深い自然生息地を含むもの。これには、科学上、または、保全上の観点から、普遍的価値をもつ絶滅の恐れのある種が存在するものを含む。
→**生物多様性**

※上記の登録基準(i)〜(x)のうち、一つ以上の登録基準を満たすと共に、それぞれの根拠となる説明が必要。

真正（真実）性（オーセンティシティ）

文化遺産の種類、その文化的文脈によって一様ではないが、資産の文化的価値（上記の登録基準）が、下に示すような多様な属性における表現において真実かつ信用性を有する場合に、真正性の条件を満たしていると考えられ得る。
○形状、意匠
○材料、材質
○用途、機能
○伝統、技能、管理体制
○位置、セッティング（周辺の環境）
○言語その他の無形遺産
○精神、感性
○その他の内部要素、外部要素

完全性（インテグリティ）

自然遺産及び文化遺産とそれらの特質のすべてが無傷で包含されている度合を測るためのものさしである。従って、完全性の条件を調べるためには、当該資産が以下の条件をどの程度満たしているかを評価する必要がある。
a)「顕著な普遍的価値」が発揮されるのに必要な要素（構成資産）がすべて含まれているか。
b) 当該物件の重要性を示す特徴を不足なく代表するために適切な大きさが確保されているか。
c) 開発及び管理放棄による負の影響を受けていないか。

他の類似物件との比較

当該物件を、国内外の類似の世界遺産、その他の物件と比較した比較分析を行わなければならない。比較分析では、当該物件の国内での重要性及び国際的な重要性について説明しなければならない。

シンクタンクせとうち総合研究機構

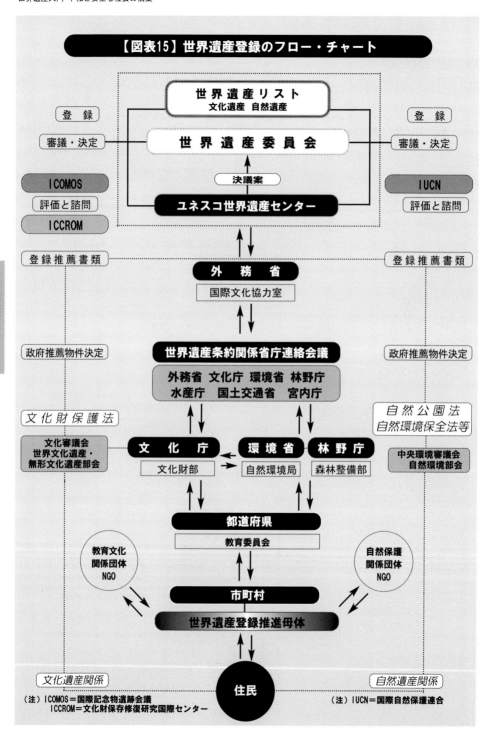

【図表16】世界遺産の登録基準

(ⅰ) 人類の創造的天才の傑作を表現するもの。　→人類の創造的天才の傑作

(ⅱ) ある期間を通じて、または、ある文化圏において、建築、技術、記念碑的芸術、町並み計画、景観デザインの発展に関し、人類の価値の重要な交流を示すもの。
　　→人類の価値の重要な交流を示すもの

(ⅲ) 現存する、または、消滅した文化的伝統、または、文明の、唯一の、または、少なくとも稀な証拠となるもの。
　　→文化的伝統、文明の稀な証拠

(ⅳ) 人類の歴史上重要な時代を例証する、ある形式の建造物、建築物群、技術の集積、または、景観の顕著な例。
　　→歴史上、重要な時代を例証する優れた例

(ⅴ) 特に、回復困難な変化の影響下で損傷されやすい状態にある場合における、ある文化（または、複数の文化）或は、環境と人間との相互作用を代表する伝統的集落、または、土地利用の顕著な例。
　　→存続が危ぶまれている伝統的集落、土地利用の際立つ例

(ⅵ) 顕著な普遍的な意義を有する出来事、現存する伝統、思想、信仰、または、芸術的、文学的作品と、直接に、または、明白に関連するもの。
　　→普遍的出来事、伝統、思想、信仰、芸術、文学的作品と関連するもの

(ⅶ) もっともすばらしい自然的現象、または、ひときわすぐれた自然美をもつ地域、及び、美的な重要性を含むもの。
　　→自然景観

(ⅷ) 地球の歴史上の主要な段階を示す顕著な見本であるもの。これには、生物の記録、地形の発達における重要な地学的進行過程、或は、重要な地形的、または、自然地理的特性などが含まれる。
　　→地形・地質

(ⅸ) 陸上、淡水、沿岸、及び、海洋生態系と動植物群集の進化と発達において、進行しつつある重要な生態学的、生物学的プロセスを示す顕著な見本であるもの。
　　→生態系

(ⅹ) 生物多様性の本来的保全にとって、もっとも重要かつ意義深い自然生息地を含んでいるもの。これには、科学上、または、保全上の観点から、すぐれて普遍的価値をもつ絶滅の恐れのある種が存在するものを含む。
　　→生物多様性

【図表17】オーセンティシティに関する奈良ドキュメント

前文

1. 私たち、日本の奈良に集まった専門家は、保存の分野における従来の考え方に挑み、また保存の実践の場で文化と遺産の多様性をより尊重するよう我々の視野を広げる方法および手段を討論するために、時宜を得た会合の場を提供した日本の関係当局の寛大な精神と知的な勇気に、感謝を表明したい。

2. 私たちはまた、世界遺産リストに申請された文化財の顕著な普遍的価値を審議する際に、全ての社会の社会的および文化的価値を十分に尊重する方法でオーセンティシティのテストを適用したいという世界遺産委員会の要望により提供された討論の枠組みの価値にも、感謝を表明したい。

3. オーセンティシティに関する奈良ドキュメントは、私たちの現代世界において文化遺産についての懸念と関心の範囲が拡大しつつあることに応え、1964年のヴェネチア憲章の精神に生まれ、その上に構築され、それを拡大するものである。

4. ますます、汎世界化と均一化の力に屈しようとしている世界において、また文化的アイデンティティの探求がときには攻撃的ナショナリズムや少数民族の文化の抑圧という形で現れる世界において、保存の実践の場でオーセンティシティを考慮することにより行われる重要な貢献は、人類の総体的な記憶を明確にして解明することにある。

文化の多機性と遺産の多様性

5. 私たちの世界の文化と遺産の多様性は、すべての人類にとってかけがえのない精神的および知的豊かさの源泉である。私たちの世界の文化と遺産の多様性を保護しおよび向上させることは、人類の発展の重要な側面として積極的に促進されるべきである。

6. 文化遺産の多様性は、時間と空間の中に存在しており、異なる文化ならびにそれらの信仰体系のすべての側面を尊重することを要求する。文化の価値が拮抗するような場合には、文化の多様性への尊重は、すべての当事者の文化的価値の正当性を認めることを要求する。

7. すべての文化と社会、それぞれの遺産を構成する有形また無形の表現の固有の形式と手法に根ざしており、それらは尊重されなければならない。

8. 個々にとっての文化遺産はまた万人にとっての文化遺産であるという主旨のユネスコの基本原則を強調することが重要である。文化遺産とその管理に対する責任はまず、その文化をつくりあげた文化圏に、次いでその文化を保管している文化圏に帰属する。しかし、これらの責任に加え、文化遺産の保存のためにつくられた国際憲章や条約への加入は、これらから生じる原則と責任に対する考慮もまた義務づける。それぞれの社会にとって、自らの文化圏の要求と他の文化圏の要求の間の均衡を保つことは、この均衡の保持が自らの文化の基本的な価値を損なわない限り、非常に望ましいことである。

価値とオーセンティシティ

9. 文化遺産をそのすべての形態や時代区分に応じて保存することは、遺産がもつ価値に根ざしている。私たちがこれらの価値を理解する能力は、部分的には、それらの価値に関する情報源が、信頼できる、または真実であるとして理解できる度合いにかかっている。文化遺産の原型とその後の変遷の特徴およびその意味に関連するこれら情報源の知識と理解は、オーセンティシティのあらゆる側面を評価するために必須の基盤である。

10. このように理解され、ヴェネチア憲章で確認されたオーセンティシティは、価値に関する本質的な評価要素として出現する。オーセンティシティに対する理解は、世界遺産条約ならびにその他の文化遺産のリストに遺産を記載する手続きと同様に、文化遺産に関するすべての学術的研究において、また保存と復原の計画において、基本的な役割を演じる。

11. 文化財がもつ価値についてのすべての評価は、関係する情報源の信頼性と同様に、文化ごとに、また同じ文化の中でさえ異なる可能性がある。価値とオーセンティシティの評価の基礎を、固定された評価基準の枠内に置くことは、このように不可能である。逆に、すべての文化を尊重することは、遺産が、それが帰属する文化の文脈の中で考慮され評価されなければならないことを要求する。

12. したがって、各文化圏において、その遺産が有する固有の価値の性格と、それに関する情報源の信頼性と確実性について認識が一致することが、極めて重要かつ緊急を要する。

13. 文化遺産の性格とその文化的文脈により、オーセンティシティの評価は非常に多様な情報源の真価と関連することになろう。その情報源の側面は、形態と意匠、材料と材質、用途と機能、伝統と技術、立地と環境、精神と感性、その他内的外的要因を含むであろう。これらの要素を用いることが、文化遺産の特定の芸術的、歴史的、社会的、学術的な次元の厳密な検討を可能にする。

定義

保存―文化財を理解し、その歴史と意味を知り、その材料の保護を確実にし、さらに必要な場合にはその復原や整備をおこなうためのすべての作業。

情報源―文化財の性質、特性、意味および歴史を知ることを可能とするところのすべての有形の、字で書かれた、口承の、及び描かれた資料。

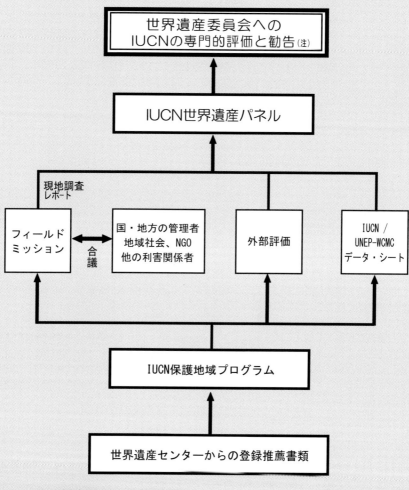

【図表18】自然遺産　IUCNの評価の手順

（注）勧告区分
I = Inscription　　登録（記載）
R = Referral　　　情報照会
D = Deferral　　　登録（記載）延期
N = Not to Inscribe　不登録（不記載）

【図表19】自然遺産　IUCNの評価レポートの項目

1. 文書資料	ⅰ）IUCNによる登録推薦書類受理日 ⅱ）締約国からの要請・受理した追加情報の有無 ⅲ）IUCN／WCMCのデータ・シート ⅳ）追加文献 ⅴ）協議資料 ⅵ）現地調査 ⅶ）本レポートのIUCNの承認日
2. 自然の価値の要約	・概要 ・構成資産
3. 他の地域との比較	
4. 完全性、保護管理	4-1　保護 4-2　境界（コア・ゾーンとバッファー・ゾーン） 4-3　管理 4-4　コミュニティ（地域社会） 4-5　脅威
5. 追加のコメント	シリアル・ノミネーション、登録物件名など
6. 登録基準の適用	・申請された登録基準、根拠、IUCNの所見
7. 勧告	・世界遺産委員会への勧告

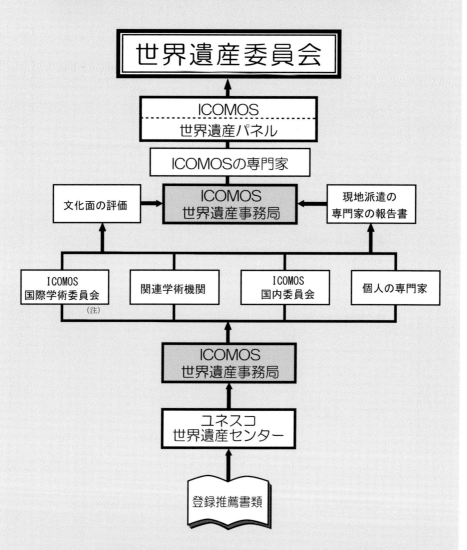

【図表20】文化遺産 ICOMOSの評価の手順

<参考文献> 1. 世界遺産条約履行の為の作業指針（オペレーショナル・ガイドラインズ）
2. ICOMOSの世界遺産業務遂行の為の方針

(注) ICOMOSの国際学術委員会には、岩画、木造、石造、土造建築遺産、壁画、ヴィトロ・ステンド・グラス、要塞と軍事遺産、歴史都市、文化的景観、文化の道、20世紀の遺産、太平洋諸島、水中文化遺産、極地遺産、無形文化遺産、保存・修復の哲学、考古学遺産管理、建築遺産の構造の分析と修復、遺跡・モニュメントの遺物の保存修復、防災管理、文化観光、国際研修、解説とプレゼンテーション、法律・管理・財務問題などの各委員会がある。

【図表21】文化遺産　ICOMOSの評価レポートの項目

	・締約国によって提案された公式名 ・所在地 ・概要 ・物件のカテゴリー
1.基本データ	暫定リスト記載日、登録準備の為の世界遺産基金からの国際援助の有無、世界遺産センターの受理日、背景、ICOMOSの協議機関、参考文献、技術評価ミッションの調査、締約国からの要請・受理した追加情報の有無、本レポートのICOMOSの承認日
2.物件	・概要 ・歴史と推移
3.顕著な普遍的価値 完全性、真正(真実)性	・完全性と真正(真実)性 ・比較分析 ・顕著な普遍的価値の証明
4.物件に影響を与える要因	・開発圧力 ・観光圧力 ・環境圧力、自然災害、気候変動
5.保護、保存管理	・登録遺産とバッファーゾーンの境界 ・所有権 ・保護 ・保存 ・管理
6.モニタリング	・当該物件の継続的な監視体制
7.結論	・登録（記載）に関する勧告 (25頁参照)

【図表22】日本の世界遺産と世界遺産暫定リスト記載物件

世界遺産登録物件（登録年）

- ❶ 法隆寺地域の仏教建造物 （1993年）
- ❷ 姫路城 （1993年）
- ③ 白神山地 （1993年）
- ④ 屋久島 （1993年）
- ❺ 古都京都の文化財（京都市、宇治市、大津市）（1994年）
- ❻ 白川郷・五箇山の合掌造り集落 （1995年）
- ❼ 広島の平和記念碑（原爆ドーム） （1996年）
- ❽ 厳島神社 （1996年）
- ❾ 古都奈良の文化財 （1998年）

● 文化遺産　　○ 自然遺産

⑩ 日光の社寺 (1999年)

⑪ 琉球王国のグスク及び関連遺産群 (2000年)

⑫ 紀伊山地の霊場と参詣道 (2001年)

⑬ 知床 (2005年)

⑭ 石見銀山遺跡とその文化的景観 (2007年／2010年)

⑮ 平泉−仏国土(浄土)を表す建築・庭園及び考古学的遺跡群 (2011年)

⑯ 小笠原諸島 (2011年)

⑰ 富士山−信仰の対象と芸術の源泉 (2013年)

⑱ 富岡製糸場と絹産業遺産群 (2014年)

世界遺産暫定リスト記載物件 (世界遺産暫定リスト記載年)

1 古都鎌倉の寺院・神社ほか (1992年)
　→武家の古都・鎌倉
　　(登録推薦書類「取り下げ」)

2 彦根城 (1992年)

3 長崎の教会群とキリスト教関連遺産 (2007年)
　　(2016年第40回世界遺産委員会で登録の可否を審議予定)

4 飛鳥・藤原の宮都とその関連資産群 (2007年)

5 国立西洋美術館本館 (2007年)
　→ル・コルビュジエの建築作品−近代建築運動への顕著な貢献−
　　(2016年第40回世界遺産委員会で登録の可否を審議予定)

6 北海道・北東北の縄文遺跡群 (2009年)

7 九州・山口の近代化産業遺産群 (2009年)
　→明治日本の産業革命遺産−九州・山口と関連地域
　　(2015年第39回世界遺産委員会で登録の可否を審議予定)

8 宗像・沖ノ島と関連遺産群 (2009年)

9 百舌鳥・古市古墳群 (2010年)

10 金を中心とする佐渡鉱山の遺産群 (2010年)

11 平泉−仏国土(浄土)を表す建築・庭園及び考古学的遺跡群 (2012年)
　　(登録範囲の拡大)

2015年4月現在

【図表23】日本の世界遺産　登録基準

物件名 \ 登録基準	文化遺産 (i)	(ii)	(iii)	(iv)	(v)	(vi)	自然遺産 (vii)	(viii)	(ix)	(x)
● 平泉−仏国土（浄土）を表す建築・庭園及び考古学的遺跡群		●				●				
● 日光の社寺	●			●		●				
● 富岡製糸場と絹産業遺産群		●		●						
● 富士山−信仰の対象と芸術の源泉			●			●				
● 白川郷・五箇山の合掌造り集落				●	●					
● 古都京都の文化財（京都市　宇治市　大津市）		●		●						
● 古都奈良の文化財		●	●	●		●				
● 法隆寺地域の仏教建造物	●	●		●		●				
● 紀伊山地の霊場と参詣道		●	●	●		●				
● 姫路城	●			●						
● 広島の平和記念碑（原爆ドーム）						●				
● 厳島神社	●	●		●		●				
● 石見銀山遺跡とその文化的景観		●	●		●					
● 琉球王国のグスク及び関連遺産群		●	●			●				
○ 知床									○	○
○ 白神山地									○	
○ 小笠原諸島									○	
○ 屋久島							○		○	

● 文化遺産　　○ 自然遺産　　　　　　　　　　　　　2015年4月現在

【図表24】日本の世界遺産　都道府県別の数

都道府県名	数	登録遺産名
奈良県	3	●法隆寺地域の仏教建造物 ●古都奈良の文化財 ●紀伊山地の霊場と参詣道
広島県	2	●広島の平和記念碑（原爆ドーム） ●厳島神社
北海道	1	○知床
青森県	1	○白神山地
秋田県	1	
岩手県	1	●平泉−仏国土（浄土）を表す建築・庭園及び考古学的遺跡群
栃木県	1	●日光の社寺
群馬県	1	●富岡製糸場と絹産業遺産群
東京都	1	○小笠原諸島
山梨県	1	●富士山−信仰の対象と芸術の源泉
静岡県	1	
富山県	1	●白川郷・五箇山の合掌造り集落
岐阜県	1	
滋賀県	1	●古都京都の文化財（京都市　宇治市　大津市）
京都府	1	
三重県	1	●紀伊山地の霊場と参詣道
和歌山県	1	
兵庫県	1	●姫路城
島根県	1	●石見銀山遺跡とその文化的景観
鹿児島県	1	○屋久島
沖縄県	1	●琉球王国のグスク及び関連遺産群

1都1道1府18県

●文化遺産　　○自然遺産

2015年4月現在

世界遺産入門−平和と安全な社会の構築−

【図表25】日本の世界遺産　歴史的な位置づけ

世界遺産とは

時代	日本略史	文明	世界略史	年代
先土器			アウストラロピテクス、ホモ=ハビリス（400万年前）	
			ジャワ原人　ピテカントロプス=エレクトゥス	
			北京原人（60〜15万年前）	
	明石人？		ネアンデルタール人（約20万年前）	
	葛生人			
	牛川人		クロマニヨン人（約4万〜1万年前）	
			ラスコー洞窟　BC13000年頃	
			アルタミラ洞窟　BC15000〜12000年頃	BC10000
縄文	白神山地のブナ林　樹齢8000年			
	屋久島の縄文杉　樹齢7200年			BC5000
	大森貝塚	エジプト文明／メソポタミア文明／インダス文明	ヘッド・スマッシュト・イン・バッファロー・ジャンプ	
	三内丸山遺跡		モヘンジョダロ遺跡　　エーゲ文明	
			エジプトのピラミッド　BC2000年頃　　クレタ文明	BC2000
	尖石遺跡		ミケーネ文明	
			アブ・シンベル神殿　BC1300年頃	
			古代オリンピック大会はじまる　BC776年	BC1000
			ローマ建国　BC753年	
			釈迦生誕　BC623年	
		中国文明	蘇州古典庭園　BC514年	BC500
			ペルセポリス　BC522年〜BC460年頃	
			パルテノン神殿　BC447年　　テオティワカン	
			秦の始皇帝　中国を統一　BC221年	
弥生	光武帝 倭の奴国に印綬を授与　57年		イエス　BC4年頃〜AD30年頃	紀元
			光武帝　後漢成立　25年　　アンソニー島	
			ヴェスヴィオ火山の大噴火　79年	
	妻木晩田遺跡		五賢帝時代　96年〜180年	101年
		ローマ帝国／マヤ文明	ローマ帝国全盛時代	
	吉野ケ里遺跡		マルクス=アウレリウス帝即位　161年	
			ガンダーラ美術栄える	
	卑弥呼 親魏倭王の号を受ける　239年		後漢滅び魏呉蜀の3国分立　220年	201年
	出雲荒神谷遺跡		ササン朝ペルシア起こる　226年	
	登呂遺跡		呉滅び、晋が中国を統一　280年	
			コンスタンティノープル遷都　330年	301年
古墳	箸墓古墳		エルサレムの聖墳墓教会　327年	
			莫高窟　366年	
			ゲルマン民族の大移動　375年	
			高句麗　平壌に遷都　427年	401年
			西ローマ帝国滅亡　476年	
	大山古墳（仁徳陵古墳）		フランク王国建国　481年	
	仏教の伝来　538年頃		竜門石窟　494年	501年
	加茂岩倉遺跡		マホメット　571年〜632年	
	聖徳太子　摂政　593年		隋（589年〜618年）	

※上記に掲げたもののうち、特に、先土器、縄文、弥生、古墳時代のものは、未だ時代が特定できていないものもあります。紙面のスペースの関係もあり、この表は、あくまでも、参考程度にとどめて下さい。

シンクタンクせとうち総合研究機構

世界遺産入門－平和と安全な社会の構築－

世界遺産とは

時代	日本の出来事		世界の出来事	年代
飛鳥	聖徳太子 憲法十七条の制定 604年		唐（618年～907年）／イスラム教成立 610年	601年
	法隆寺創建 607年		ラサのポタラ宮	
	平城京遷都 710年		アラブ軍がオアシス都市ブハラを占領 674年	
奈良	春日大社創建 768年		李白、杜甫など唐詩の全盛	701年
	最澄 比叡山延暦寺創建 788年		仏国寺建立 752年	
	平安京遷都 794年		カール大帝戴冠 800年	
平安	最澄 天台宗を開く 805年		イスラム文化の全盛	801年
	空海 真言宗を開く 806年		ボロブドゥールの建設	
	弘法大師 高野山開創 816年	マ	黄巣の乱 875年	
		ヤ	アンコール 889年	901年
	古今和歌集成る 905年	文	ビザンツ帝国の最盛時代	
	醍醐寺五重塔建つ 951年	明	宋建国 960年	
	藤原道長 摂関政治 966年～1027年		神聖ローマ帝国成立 962年	1001年
	紫式部 源氏物語		セルジューク朝成立 1038年	
	藤原道長全盛時代 1016年～1027年		ローマ・カトリック教とギリシャ正教完全分離	
	平等院阿弥陀堂（鳳凰堂）落成 1053年		十字軍 エルサレム王国建国 1099年～1187年	
	藤原清衡 平泉に中尊寺建立 1105年		ラパ・ヌイ モアイの石像	1101年
	平清盛 太政大臣になる 1167年		パリ ノートルダム大聖堂建築開始 1163年	
	平清盛 厳島神社を造営 1168年	ア	ピサの斜塔 1174年	
	源頼朝 鎌倉幕府を開く 1192年	ス	ドイツ騎士団おこる	
鎌倉	東大寺再建供養 1195年	テ		1201年
	親鸞 教行信証を著わす 1224年	カ	アミアン大聖堂建立 1220年	
	日蓮 法華宗を始む 1253年	文	ケルン大聖堂 礎石 1248年	
	円覚寺舎利殿 1285年	明	ドイツ「ハンザ同盟」成立 1241年	
南北朝			マルコ・ポーロ「東方見聞録」 1299年	1301年
	足利尊氏 室町幕府を開く 1338年		英仏百年戦争 1338年～1453年	
	夢窓疎石 西芳寺（苔寺）再興 1339年		明建国 1368年	
	金閣寺建立 1397年		宗廟着工 1394年着工	
室町	興福寺 五重塔 再建 1426年	ル	昌徳宮 1405年	1401年
	琉球王国が成立 1429年	ネ	クスコ	
	竜安寺 禅宗寺院となる 1450年	サ	コロンブス アメリカ大陸発見 1492年	
	銀閣寺建立 1483年	ン	マチュピチュ	1501年
	フランシスコ・ザビエル 鹿児島上陸 1549年	ス	アステカ帝国滅亡 1521年／インカ帝国滅亡 1533年	
	室町幕府滅亡 1573年	イ	インド ムガル帝国成る 1526年	
安土桃山	金剛峯寺建立 1593年	ン	パドヴァの植物園 1545年	
		カ		1601年
	徳川家康 江戸幕府を開く 1603年	帝	タージ・マハル廟の造営 1632年～1653年	
	彦根城築城 1604年～1622年	国	ヴェルサイユ宮殿着工 1661年着工	
	姫路城天守閣造営 1608年		イギリス 名誉革命 1688年	
江戸	日光東照宮神殿竣工 1617年			1701年
	五箇山の合掌造り 江戸時代初期		キンデルダイク・エルスハウトの風車	
	東大寺大仏再建 1701年		アメリカ独立宣言公布 1776年	
			フランス革命 1789年～1794年	
	本居宣長 古事記伝完成 1798年		ナポレオン皇帝となる 1804年	1801年
			ダーウィン「種の起源」 1859年	
明治	明治維新 1868年		ケルン大聖堂完成 1880年	
	富岡製糸場創建 1872年		旧ヴィクトリア・ターミナス駅完成 1887年	
	神田駿河台にニコライ堂落成 1891年		ロシア革命 1917年	1901年
大正	赤坂離宮建つ 1908年		ヴァルベルイの無線通信所 1922～1924年	
昭和	広島、長崎に原爆投下 1945年		アウシュヴィッツ強制収容所 1940年	
	ユネスコ加盟 1951年		ブラジルの首都 ブラジリアに遷都 1960年	
	国連加盟 1956年		シドニーのオペラ・ハウス 1973年完成	
平成	世界遺産条約締約 1992年		ソ連崩壊 1991年	
	日本、世界遺産条約締約20周年 2012年		ユネスコ、世界遺産条約採択40周年 2012年	2001年

シンクタンクせとうち総合研究機構

世界遺産の例示（自然遺産）

グレート・バリア・リーフ
1981年登録（オーストラリア）
【自然遺産】登録基準（vii）(viii)(ix)(x)

ガラパゴス諸島
1978年／2001年登録（エクアドル）
【自然遺産】登録基準（vii）(viii)(ix)(x)

グランド・キャニオン国立公園
1979年登録（アメリカ合衆国）
【自然遺産】登録基準（vii）(viii)(ix)(x)

世界遺産の例示（文化遺産）

万里の長城
1987年登録（中国）
【文化遺産】登録基準 (i)(ii)(iii)(iv)(vi)

モン・サン・ミッシェルとその湾
1979年／2007年登録（フランス）
【文化遺産】登録基準 (i)(iii)(vi)

ヴェネツィアとその潟
1987年登録（イタリア）
【文化遺産】登録基準 (i)(ii)(iii)(iv)(v)(vi)

世界遺産の例示（複合遺産）

トンガリロ国立公園
1990年／1993年登録（ニュージーランド）
【複合遺産】登録基準（vi）(vii)(viii)

ギョレメ国立公園とカッパドキアの岩窟群
1985年登録（トルコ）
【複合遺産】登録基準（i）(iii)(v)(vii)

マチュ・ピチュの歴史保護区
1983年登録（ペルー）
【複合遺産】登録基準（i）(iii)(vii)(ix)

世界遺産の例示（文化的景観）

フィリピンのコルディリェラ山脈の棚田群
1995年登録（フィリピン）
【文化遺産】登録基準（ⅲ）（ⅳ）（ⅴ）

杭州西湖の文化的景観
2011年登録（中国）
【文化遺産】登録基準（ⅱ）（ⅲ）（ⅵ）

ピエモンテの葡萄畑の景観：ランゲ・ロエロ・モンフェッラート
2014年登録（イタリア）
【文化遺産】登録基準（ⅲ）（ⅴ）

世界遺産の例示（文化の道）

シルクロード：長安・天山回廊の道路網
2014年登録（中国／カザフスタン／キルギス）
【文化遺産】登録基準 (ii)(iii)(v)(vi)

サンティアゴ・デ・コンポステーラへの巡礼道
1993年登録（スペイン）
【文化遺産】登録基準 (ii)(iv)(vi)

カパック・ニャン、アンデス山脈の道路網　2014年登録
（コロンビア／エクアドル／ボリヴィア／ペルー／チリ／アルゼンチン）
【文化遺産】登録基準 (ii)(iii)(iv)(vi)

世界遺産の例示（20世紀の建築）

シドニーのオペラ・ハウス
2007年登録（オーストラリア）
【文化遺産】登録基準（i）

アントニ・ガウディの作品群
1984年／2005年登録（スペイン）
【文化遺産】登録基準（i）(ii)(iv)

ブラジリア
1987年登録（ブラジル）
【文化遺産】登録基準（i)(iv）

世界遺産の例示（産業遺産）

アイアンブリッジ峡谷
1986年登録（英国）
【文化遺産】登録基準（i）(ii)(iv)(vi)

レーティッシュ鉄道アルブラ線とベルニナ線の景観群
2008年登録（スイス／イタリア）
【文化遺産】登録基準（ii)(iv)

フェルクリンゲン製鉄所
1994年登録（ドイツ）
【文化遺産】登録基準（ii)(iv)

世界遺産の例示（複数国にまたがる世界遺産）

モシ・オア・トゥニャ（ヴィクトリア瀑布）
1989年登録（ザンビア／ジンバブエ）
【自然遺産】登録基準（vii）(viii)

ワッデン海
2009年／2011年／2014年登録（オランダ／ドイツ／デンマーク）
【自然遺産】登録基準（vii）(ix)(x)

シュトルーヴェの測地弧　2005年登録
（スウェーデン／ノルウェー／フィンランド／エストニア／ラトヴィア／
リトアニア／ロシア／ベラルーシ／ウクライナ／モルドヴァ）
【文化遺産】登録基準（ii）(iv)(vi)

世界遺産の例示（人類の負の遺産）

ビキニ環礁核実験地
2010年登録（マーシャル諸島）
【文化遺産】登録基準（iv）(vi)

ロベン島
1999年登録（南アフリカ）
【文化遺産】登録基準（iii）(vi)

アウシュヴィッツ・ビルケナウのナチス・ドイツ強制・絶滅収容所
(1940-1945)
1979年登録（ポーランド）
【文化遺産】登録基準（vi）

世界遺産の例示(人類の復興の遺産)

オーギュスト・ペレによって再建されたル・アーヴル
2005年登録(フランス)
【文化遺産】登録基準 (ii)(iv)

ドブロヴニクの旧市街
1979年/1994年登録(クロアチア)
【文化遺産】登録基準 (i)(iii)(iv)

ワルシャワの歴史地区
1980年登録(ポーランド)
【文化遺産】登録基準 (ii)(vi)

世界遺産の例示（日本の世界遺産）

知床
2005年登録（北海道）
【自然遺産】登録基準（ix）(x)

小笠原諸島
2011年登録（東京都）
【自然遺産】登録基準（ix）

古都京都の文化財（京都市、宇治市、大津市）
1994年登録（京都府／滋賀県）
【文化遺産】登録基準（ii）(iv)

世界遺産の例示（日本の世界遺産）

姫路城
1993年登録（兵庫県）
【文化遺産】登録基準（i）(iv)

古都奈良の文化財
1999年登録（奈良県）
【文化遺産】登録基準（ii）(iii)(iv)(vi)

厳島神社
1996年登録（広島県）
【文化遺産】登録基準（i）(ii)(iv)(vi)

危機遺産とは

パルミラの遺跡(Site of Palmyra)
文化遺産(登録基準(i)(ii)(iv))
1980年登録 ★【危機遺産】2013年 シリア

内戦が続くシリアの「パルミラの遺跡」など6つの世界遺産は危機遺産に登録された。

危機遺産とは

　世界遺産委員会は、大火、暴風雨、地震、津波、洪水、地滑り、噴火などの大規模災害、内戦や戦争などの武力紛争、ダムや堤防建設、道路建設、鉱山開発などの開発事業、それに、入植、狩猟、伐採、海洋汚染、大気汚染、水質汚染などの自然環境の悪化による滅失や破壊など深刻な危機にさらされ緊急の救済措置が必要とされる物件を「危機にさらされている世界遺産リスト(略称：危機遺産リスト)」(List of the World Heritage in Danger)に登録することができます。【図表26】【図表27】

　「危機遺産リスト」には、2015年4月現在、32の国と地域にわたって、コンゴ民主共和国の「ヴィルンガ国立公園」(地域紛争、密猟／1994年危機遺産登録)、アメリカ合衆国の「エバーグレーズ国立公園」(水界生態系の劣化／2010年危機遺産登録)などの自然遺産が19物件、マリの「トンブクトゥー」(武装勢力による破壊行為／2012年危機遺産登録)、パレスチナの「イエスの生誕地：ベツレヘムの聖誕教会と巡礼の道」(民族紛争・宗教紛争／2012年危機遺産登録)、イラクの「サーマッラの考古学都市」(宗教対立／2007年危機遺産登録)、シリアの「パルミラの遺跡」や「古代都市アレッポ」(国内紛争の激化／2013年危機遺産登録)などの文化遺産が27物件、合計46物件が登録されています。

　世界遺産と危機遺産の数の推移と危機遺産比率は【図表28】の通りで、2015年4月現在、4.57%となっています。

　地域別に見ると、アフリカが16物件、アラブ諸国が13物件、アジア・太平洋地域が4物件、ヨーロッパ・北米が5物件、ラテンアメリカ・カリブが8物件となっています。

　危機遺産になると、毎年の世界遺産委員会で、保護管理の改善状況について当事国からの報告が求められます。その後、保護管理の改善措置が講じられ、危機的な状況から脱した場合は、例えば、「アンコール」(カンボジア・内戦／1992年危機遺産登録・2004年解除)、「ドブロヴニクの旧市街」(クロアチア・内戦／1991年危機遺産登録・1998年解除)、「ヴィエリチカとボフニャの王立塩坑群」(ポーランド・結露／1989年危機遺産登録・1998年解除)の様に「危機遺産リスト」から解除されます。

　危機遺産への登録、解除の変遷は【図表29】の通りです。危機遺産へ登録されても、その後、何の保護管理措置も講じられず改善の見込みがない場合には、世界遺産リストそのものから抹消されることになり、当事国にとっては、大変、不名誉なことになります。

　これまでに二つの抹消事例があります。一つは、オマーンの「アラビアン・オリックス保護区」(自然遺産)、もう一つは、2009年の世界遺産委員会で抹消となったドイツの「ドレスデンのエルベ渓谷」(文化遺産)です。

【事例研究①】

　「アラビアン・オリックス保護区」は、オマーン中央部のジダッド・アル・ハラシス平原の27500km²に設けられた保護区です。アラビアン・オリックスは、IUCN(国際自然保護連合)のレッドデータブックで、絶滅危惧(Threatened)の絶滅危惧ⅠB類(EN=Endangered)にあげられているウシ科のアンテロープの一種(Oryx leucoryx)で、以前は、サウジ・アラビアやイエメンなどアラビア半島の全域に生息していましたが、野生種は1972年に絶滅しました。

そこで、カブース国王の命により、アメリカから十数頭のアラビアン・オリックスを譲り受け、繁殖対策を講じました。オマーン初の自然保護区として、マスカットの南西約800kmのアル・ウスタ地方に特別保護区を設け、野生に戻すことによって繁殖に成功し、1994年には世界自然遺産に登録され、1998年には、エコ・ツーリズムの実験的なプロジェクトが開始されました。

しかし、オマーン政府が世界遺産登録範囲内で鉱物資源開発を進めたため、保護区域削減によって完全性が損失、世界遺産としての「顕著な普遍的価値」が失われたことから、2007年の第31回世界遺産委員会クライストチャーチ会議で、前代未聞となる世界遺産リストから抹消される事態となりました。

【事例研究②】

「ドレスデンのエルベ渓谷」は、ザクセン州の州都ドレスデン(人口約50万人)を中心に、北西部のユービガウ城とオストラゲヘーデ・フェルトから南東部のピルニッツ宮殿とエルベ川島までの18kmのエルベ川流域に展開しています。

このエルベ渓谷には、18〜19世紀の文化的景観が残っています。ドレスデンは、かつてのザクセン王国の首都で、エルベのフィレンツェと称えられ、華麗な宮廷文化が輝くバロックの町で、16〜20世紀の建築物や公園などが残り、なかでも19〜20世紀の産業革命ゆかりの鉄橋、鉄道、世界最古の蒸気外輪船、それに造船所は今も使われています。

2006年は、ドレスデン建都800年の記念すべき年でしたが、エルベ川の架橋計画による文化的景観の完全性の損失を理由に、「危機にさらされている世界遺産」に登録されました。2008年の第32回世界遺産委員会では、「ドレスデンのエルベ渓谷」の4車線のヴァルトシュリュスヘン橋の建設により文化的景観の完全性が損なわれるとして、世界遺産リストからの抹消も含めた審議を行いましたが、橋の建設中止など地元での対応などを当面は静観することを決しました。

代替案としての地下トンネルの建設などにより景観の保護が行われず、このまま橋の建設が継続され完成した場合は、2009年の第33回世界遺産委員会での世界遺産リストからの抹消が余儀なくされることになり、第30回、第31回、第32回の世界遺産委員会で慎重な審議が重ねられました。

しかし、ドレスデンの関係当局者は、文化的景観の中心部での4連のヴァルトシュリュスヘン橋の建設プロジェクトを中止しなかった為、2004年の世界遺産登録時の「顕著な普遍的価値」と「完全性」が喪失、2009年の第33回世界遺産委員会セビリア会議で、オマーンの「アラビアン・オリックス保護区」に次ぐ、世界遺産登録史上二例目となる「世界遺産リストからの抹消」という不名誉な事態になりました。

しかしオマーンの抹消と異なり、世界遺産委員会は、"Every time we fail to preserve a site, we share the pain of the State Party,"という議長声明と共に、「ドレスデンのエルベ渓谷」には、「顕著な普遍的価値」を有する箇所もあるので、ドイツは異なる登録基準と境界線のもとでの新登録の推薦書類を提出することは出来ると温情を示しました。

結果的に、前者は、世界遺産の登録範囲内での鉱物資源開発を政府が、後者は、交通渋滞解消の為の橋の建設を市民が優先させたことによる都市景観問題で、世界遺産登録時の状況が変化し、世界遺産としての完全性が損なわれ、その価値が失われたことによります。

このことは、強制力のない「世界遺産条約の履行指針」(オペレーショナル・ガイドラインズ)、それに、専門機関のIUCN(国際自然保護連合)やICOMOS(国際記念物遺跡会議)の勧告の無力さを露呈することにもなりました。

「危機遺産リスト」にも、自然遺産、文化遺産のそれぞれに登録基準【図表30】が項目別に設定されており、危機が顕在化している確認危険(Ascertained Danger)と危機が潜在化している潜在危険(Potential Danger)に大別されます。

世界遺産を取り巻く脅威や危険

世界遺産は、いつも見えない危険にさらされています。中国の「万里の長城」(落書き、レンガの盗難、ゴミの増加)、「九寨溝の自然景観と歴史地区」(工場からの廃棄物による汚染)、ネパールの「サガルマータ国立公園」(氷河溶解)、オーストラリアの「グレート・バリア・リーフ」(水質汚染、珊瑚の白化現象)、トルコの「ヒエラポリス・パムッカレ」(ホテル開発による温泉の枯渇、温泉水などの変色)、イタリアの「ヴェネツィアとその潟」(アックア・アルタ＜異常潮位現象＞が原因の海面上昇、年間約80日間浸水)、ロシア連邦の「バイカル湖」(水質汚染)、メキシコの「エルヴィスカイノの鯨保護区」(塩田開発)、ペルーの「マチュ・ピチュの歴史保護区」(観光客の増加、脆弱地盤、ゴミの増加)など枚挙に暇がありません。

危機遺産になった原因や理由としては、大地震、豪雨などの自然災害、地域紛争、密猟、無秩序な開発行為などの人為災害など多様であり、コンゴ民主共和国、アフガニスタン、シリア、パレスチナの様に、同国にあるすべての世界遺産が、紛争、難民、貧困、密猟など社会構造上の問題を背景に、全て危機遺産になっている極端なケースもあります。

世界遺産は、いつも、固有危険、社会環境の変化、自然災害、人為災害、地球環境問題など、あらゆる脅威や危険にさらされています。【図表31】

(1) 固有危険 (Inherant Risk)

固有危険とは、長年のうちの風化や劣化によるものです。例えば、ペルーの「チャン・チャン遺跡地域」(文化遺産・1986年登録)は、風雨による侵食、劣化が深刻であり、世界遺産登録と同時に「危機遺産リスト」にも登録されました。同様に、劣化により「危機遺産リスト」に登録されているものは、パナマの「パナマのカリブ海沿岸のポルトベロ-サン・ロレンソ要塞群」(文化遺産・1980年登録／2012年危機遺産登録)、ボリヴィアの「ポトシ市街」(文化遺産・1987年登録／2014年危機遺産登録)があります。

また、中国の「万里の長城」(文化遺産・1987年登録)は、土、石、レンガで出来ており、長年にわたる風雨や砂塵の影響を受けて、崩壊が進んでいます。

(2) 社会環境の変化 (Change of Social Environment)

社会環境の変化とは、世界遺産を取り巻く社会環境、すなわち、過疎化、高齢化、少子化、後継者難、技術者不足、修復材料不足、不況、財政難、或は、観光地化などです。例えば、フィリピンの「コルディリエラ山脈の棚田群」(文化遺産・1995年登録)は、イフガオ族が2000年もの間、

引き継ぎ守ってきた文化的景観ですが、高齢化、後継者難などの社会環境の変化に直面しています。

(3) 自然災害（Natural Disaster）

　自然災害とは、地震、津波、台風、洪水、地滑り、火山の噴火などの災害です。例えば、地震による被害によって、チリの「ハンバーストーンとサンタ・ラウラの硝石工場群」（文化遺産・2005年登録／2005年危機遺産登録）が、豪雨による損壊で、ヴェネズエラの「コロとその港」（文化遺産・1993年登録／2005年危機遺産登録）が「危機遺産リスト」に登録されました。また、ペルーの「マチュ・ピチュの歴史保護区」（複合遺産・1983年登録）では、大雨の影響で土砂崩れが発生、遺跡と山麓の村とを結ぶシャトル・バスの運転ができなくなったことがありました。

(4) 人為災害（Human made Disaster）

　人為災害とは、戦争や紛争、密猟、密漁などの災害です。例えば、国内紛争の激化によって、シリアの「パルミラの遺跡」（文化遺産・1980年登録／2013年危機遺産登録）、「古代都市アレッポ」（文化遺産・1986年登録／2013年危機遺産登録）など6つの世界遺産が、武装勢力による破壊行為によって、マリの「トンブクトゥー」（文化遺産・1988年登録／2012年危機遺産登録）と「アスキアの墓」（文化遺産・2004年登録／2012年危機遺産登録）の2つの世界遺産が、民族紛争、宗教紛争によって、パレスチナの「イエスの生誕地：ベツレヘムの聖誕教会と巡礼の道」（文化遺産・2012年登録／2012年危機遺産登録）が、地域紛争、密猟、森林破壊などによって、コンゴ民主共和国の「ヴィルンガ国立公園」（自然遺産・1979年登録／1994年危機遺産登録）、「ガランバ国立公園」（自然遺産・1980年登録／1996年危機遺産登録）など5つの世界遺産が「危機遺産リスト」に登録されています。

(5) 地球環境問題（Global Environmental Problems）

　地球環境問題とは、地球温暖化、砂漠化、酸性雨、森林の減少・劣化、海洋環境の変化などの環境問題です。例えば、中国四川省の「楽山大仏風景名勝区を含む峨眉山風景名勝区」（複合遺産・1996年登録）の楽山大仏は、長年の風化に加えて、酸性雨が原因とみられる黒いシミが目立ちます。四川省は石炭を利用する発電所や工場が多く、近年の経済発展に伴って、酸性雨の影響が深刻化しています。また、甘粛省敦煌市の「莫高窟」（文化遺産・1987年登録）では、砂漠化の影響で、壁画の劣化が進行しています。

□危機遺産対策こそが世界遺産条約の本旨

　世界遺産条約の成立は、水没の危機にさらされたエジプトのヌビア遺跡群の国際的な救済キャンペーンなどが源流となった様に、その本旨は、危機遺産対策であると言っても過言ではありません。

　これまで、世界で起こった戦争、紛争、テロ事件【図表32】で、数多くの貴重な文化財が失われました。

　人類共通の財産である世界遺産を取り巻くあらゆる脅威や危険から守っていく為には、常日頃からの監視活動（Monitoring）を強化すると共に、不測の事態にも、適時・的確に対応できる危機管理（Risk Management）が必要です。この考え方は、世界遺産に限らず、ふる里の貴重な地域遺産を守っていくことにも共通します。

世界遺産入門−平和と安全な社会の構築−

【図表26】危機にさらされている世界遺産分布図

危機遺産とは

	物件名	国名	危機遺産登録年
❶	エルサレム旧市街と城壁	ヨルダン推薦物件	1982年
❷	チャン・チャン遺跡地域	ペルー	1986年
❸	ニンバ山厳正自然保護区	ギニア/コートジボワール	1992年
❹	アイルとテネレの自然保護区	ニジェール	1992年
❺	ヴィルンガ国立公園	コンゴ民主共和国	1994年
❻	ガランバ国立公園	コンゴ民主共和国	1996年
❼	シミエン国立公園	エチオピア	1996年
❽	オカピ野生動物保護区	コンゴ民主共和国	1997年
❾	カフジ・ビエガ国立公園	コンゴ民主共和国	1997年
❿	マノボ・グンダ・サンフローリス国立公園	中央アフリカ	1997年
⓫	サロンガ国立公園	コンゴ民主共和国	1999年
⓬	ザビドの歴史都市	イエメン	2000年
⓭	アブ・ミナ	エジプト	2001年
⓮	ジャムのミナレットと考古学遺跡	アフガニスタン	2002年
⓯	バーミヤン盆地の文化的景観と考古学遺跡	アフガニスタン	2003年
⓰	アッシュル（カルア・シルカ）	イラク	2003年
⓱	コモエ国立公園	コートジボワール	2003年
⓲	ハンバーストーンとサンタ・ラウラの硝石工場群	チリ	2005年
⓳	コロとその港	ヴェネズエラ	2005年
⓴	コソヴォの中世の記念物群	セルビア	2006年
㉑	ニオコロ・コバ国立公園	セネガル	2007年
㉒	サーマッラの考古学都市	イラク	2007年
㉓	ベリーズ珊瑚礁保護区	ベリース	2009年

【図表27】危機にさらされている世界遺産

	物件名	国名	危機遺産登録年	登録された主な理由
1	● エルサレム旧市街と城壁	ヨルダン推薦物件	1982年	民族紛争
2	● チャン・チャン遺跡地域	ペルー	1986年	風雨による侵食・崩壊
3	○ ニンバ山厳正自然保護区	ギニア／コートジボワール	1992年	鉄鉱山開発、難民流入
4	○ アイルとテネレの自然保護区	ニジェール	1992年	武力紛争、内戦
5	○ ヴィルンガ国立公園	コンゴ民主共和国	1994年	地域紛争、密猟
6	○ ガランバ国立公園	コンゴ民主共和国	1996年	密猟、内戦、森林破壊
7	○ シミエン国立公園	エチオピア	1996年	密猟、人口増加、農地拡張
8	○ オカピ野生動物保護区	コンゴ民主共和国	1997年	武力紛争、森林伐採、密猟
9	○ カフジ・ビエガ国立公園	コンゴ民主共和国	1997年	密猟、難民流入、農地開拓
10	○ マノボ・グンダ・サンフローリス国立公園	中央アフリカ	1997年	密猟
11	○ サロンガ国立公園	コンゴ民主共和国	1999年	密猟、都市化
12	● ザビドの歴史都市	イエメン	2000年	都市化、劣化
13	● アブ・ミナ	エジプト	2001年	土地改良による溢水
14	● ジャムのミナレットと考古学遺跡	アフガニスタン	2002年	戦乱による損傷、浸水
15	● バーミヤン盆地の文化的景観と考古学遺跡	アフガニスタン	2003年	崩壊、劣化、盗窟など
16	● アッシュル（カルア・シルカ）	イラク	2003年	ダム建設、保護管理措置欠如
17	○ コモエ国立公園	コートジボワール	2003年	密猟、大規模牧畜、管理不在
18	● ハンバーストーンとサンタ・ラウラの硝石工場群	チリ	2005年	構造上の脆弱性、地震
19	● コロとその港	ヴェネズエラ	2005年	豪雨による損壊
20	● コソヴォの中世の記念物群	セルビア	2006年	政治的不安定による管理と保存の困難
21	○ ニオコロ・コバ国立公園	セネガル	2007年	密猟、ダム建設計画
22	● サーマッラの考古学都市	イラク	2007年	宗派対立
23	○ ベリーズ珊瑚礁保護区	ベリーズ	2009年	マングローブの伐採、過度の開発
24	○ ロス・カティオス国立公園	コロンビア	2009年	森林破壊、密漁、密猟
25	● ムツヘータの歴史的建造物群	グルジア	2009年	保護管理措置欠如、石造とフレスコ画の劣化
26	● バグラチ大聖堂とゲラチ修道院	グルジア	2010年	バグラチ大聖堂再建プロジェクト履行による開発圧力
27	● カスビのブガンダ王族の墓	ウガンダ	2010年	2010年3月の火災による焼失
28	○ アツィナナナの雨林群	マダガスカル	2010年	違法伐採、キツネザルの狩猟の横行
29	○ エバーグレーズ国立公園	アメリカ合衆国	2010年	水界生態系の劣化の継続、富栄養化
30	○ スマトラの熱帯雨林遺産	インドネシア	2011年	密猟、違法伐採など
31	○ リオ・プラターノ生物圏保護区	ホンジュラス	2011年	違法伐採、密漁、不法占拠、密猟など
32	● トゥンブクトゥー	マリ	2012年	武装勢力による破壊行為
33	● アスキアの墓	マリ	2012年	武装勢力による破壊行為
34	● イエスの生誕地：ベツレヘムの聖誕教会と巡礼の道	パレスチナ	2012年	民族紛争、宗教紛争
35	● リヴァプール−海商都市	英国	2012年	大規模な水域再開発計画
36	● パナマのカリブ海沿岸のポルトベロ-サン・ロレンソの要塞群	パナマ	2012年	風化や劣化、維持管理の欠如など
37	○ イースト・レンネル	ソロモン諸島	2013年	森林の伐採
38	● 古代都市ダマスカス	シリア	2013年	国内紛争の激化
39	● 古代都市ボスラ	シリア	2013年	国内紛争の激化
40	● パルミラの遺跡	シリア	2013年	国内紛争の激化
41	● 古代都市アレッポ	シリア	2013年	国内紛争の激化
42	● シュバリエ城とサラ・ディーン城塞	シリア	2013年	国内紛争の激化
43	● シリア北部の古村群	シリア	2013年	国内紛争の激化
44	○ セルース動物保護区	タンザニア	2014年	見境ない密猟
45	● ポトシ市街	ボリヴィア	2014年	経年劣化による鉱山崩壊の危機
46	● オリーブとワインの地パレスチナ -エルサレム南部のバティール村の文化的景観	パレスチナ	2014年	分離壁の建設による文化的景観の損失の懸念

○ 自然遺産　19 物件　　● 文化遺産　27 物件　　　　2015年5月現在

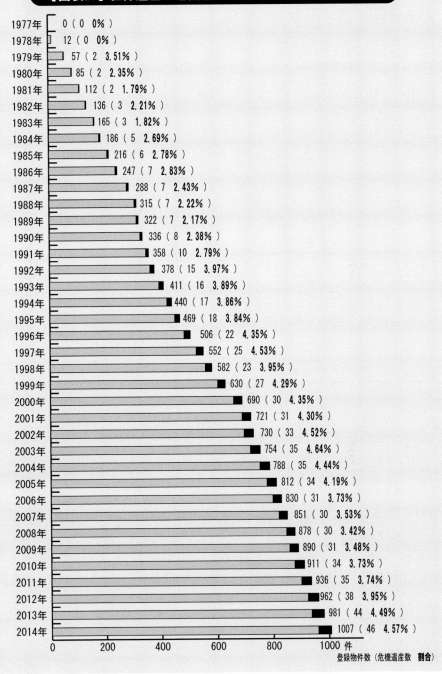

【図表28】世界遺産と危機遺産の数の推移と危機遺産比率

危機遺産とは

【図表29】危機遺産の登録、解除、抹消の推移表

登録(解除)年	登録物件	解除物件
1979年	★ コトルの自然・文化-歴史地域	
1982年	★ エルサレム旧市街と城壁	
1984年	☆ ンゴロンゴロ保全地域 ☆ ジュジ国立鳥類保護区 ☆ ガランバ国立公園	
1985年	★ アボメイの王宮	
1986年	★ チャン・チャン遺跡地域	
1988年	★ バフラ城塞	○ジュジ国立鳥類保護区
1989年	★ ヴィエリチカ塩坑	○ンゴロンゴロ保全地域
1990年	★ トンブクトゥー	
1991年	☆ プリトヴィチェ湖群国立公園 ★ ドブロブニクの旧市街	
1992年	☆ ニンバ山厳正自然保護区 ☆ アイルとテネレの自然保護区 ☆ マナス野生動物保護区 ☆ サンガイ国立公園 ☆ スレバルナ自然保護区 ★ アンコール	○ガランバ国立公園
1993年	☆ エバーグレーズ国立公園	
1994年	☆ ヴィルンガ国立公園	
1995年	☆ イエロー・ストーン	
1996年	☆ リオ・プラターノ生物圏保護区 ☆ イシュケウル国立公園 ☆ ガランバ国立公園 ☆ シミエン国立公園	
1997年	☆ オカピ野生動物保護区 ☆ カフジ・ビエガ国立公園 ☆ マノボ・グンダ・サンフローリス国立公園 ★ ブトリント	○プリトヴィチェ湖群国立公園
1998年		●ドブロブニクの旧市街 ●ヴィエリチカ塩坑
1999年	☆ ルウェンゾリ山地国立公園 ☆ サロンガ国立公園 ☆ イグアス国立公園 ★ ハンピの建造物群	
2000年	☆ ジュジ国立鳥類保護区 ★ ザビドの歴史都市 ★ ラホールの城塞とシャリマール庭園	
2001年	★ フィリピンのコルディリェラ山脈の棚田 ★ アブ・ミナ	
2002年	★ ジャムのミナレットと考古学遺跡 ★ ティパサ	
2003年	☆ コモエ国立公園 ★ バーミヤン盆地の文化的景観と考古学遺跡 ★ アッシュル（カルア・シルカ） ★ シルヴァンシャーの宮殿と乙女の塔がある城塞都市バクー ★ カトマンズ渓谷	○スレバルナ自然保護区 ○イエロー・ストーン ●コトルの自然・文化-歴史地域

危機遺産とは

登録(解除)年	登録物件	解除物件
2004年	★ バムの文化的景観 ★ ケルン大聖堂 ★ キルワ・キシワーニとソンゴ・ムナラの遺跡	○ルウェンゾリ山地国立公園 ●アンコール ●バフラ城塞
2005年	★ ハンバーストーンとサンタ・ラウラの硝石工場 ★ コロとその港	○サンガイ国立公園 ●トンブクトゥー ●ブトリント
2006年	★ ドレスデンのエルベ渓谷 ★ コソヴォの中世の記念物群	○ジュジ国立鳥類保護区 ○イシュケウル国立公園 ●ティパサ ●ハンピの建造物群 ●ケルン大聖堂
2007年	☆ ガラパゴス諸島 ☆ ニオコロ・コバ国立公園 ★ サーマッラの考古学都市	○エバーグレーズ国立公園 ○リオ・プラターノ生物圏保護区 ●アボメイの王宮 ●カトマンズ渓谷
2009年	☆ ベリーズ珊瑚礁保護区 ☆ ロス・カティオス国立公園 ★ ムツヘータの歴史的建造物群 ~~ドレスデンのエルベ渓谷~~（登録抹消）	●シルヴァンシャーの宮殿と乙女の塔がある城塞都市バクー
2010年	☆ アツィナナナの雨林群 ☆ エバーグレーズ国立公園 ★ バグラチ大聖堂とゲラチ修道院 ★ カスビのブガンダ王族の墓	○ガラパゴス諸島
2011年	☆ スマトラの熱帯雨林遺産 ☆ リオ・プラターノ生物圏保護区	○マナス野生動物保護区
2012年	★ トンブクトゥー ★ アスキアの墓 ★ イエスの生誕地：ベツレヘムの聖誕教会と巡礼の道 ★ リヴァプール-海商都市 ★ パナマのカリブ海沿岸のポルトベロ-サン・ロレンソの要塞群	●ラホールの城塞とシャリマール庭園 ●フィリピンのコルディリェラ山脈の棚田群
2013年	☆ イースト・レンネル ★ 古代都市ダマスカス ★ 古代都市ボスラ ★ パルミラの遺跡 ★ 古代都市アレッポ ★ シュバリエ城とサラ・ディーン城塞 ★ シリア北部の古村群	●バムとその文化的景観
2014年	☆ セルース動物保護区 ★ ポトシ市街 ★ オリーブとワインの地パレスチナ − エルサレム南部のバティール村の文化的景観	●キルワ・キシワーニとソンゴ・ムナラの遺跡

★ 危機遺産に登録された文化遺産　　● 危機遺産から解除された文化遺産
☆ 危機遺産に登録された自然遺産　　○ 危機遺産から解除された自然遺産

2015年4月現在

【図表30】危機にさらされている世界遺産の登録基準

〔自然遺産の場合〕

(1) 確認危険（Ascertained Danger）

遺産が特定の確認された差し迫った危険に直面している、例えば、

a. 法的に遺産保護が定められた根拠となった顕著で普遍的な価値をもつ種で、絶滅の危機にさらされている種やその他の種の個体数が、病気などの自然要因、或は、密猟・密漁などの人為的要因などによって著しく低下している
b. 人間の定住、遺産の大部分が氾濫するような貯水池の建設、産業開発や、農薬や肥料の使用を含む農業の発展、大規模な公共事業、採掘、汚染、森林伐採、燃料材の採取などによって、遺産の自然美や学術的価値が重大な損壊を被っている
c. 境界や上流地域への人間の侵入により、遺産の完全性が脅かされる

(2) 潜在危険（Potential Danger）

遺産固有の特徴に有害な影響を与えかねない脅威に直面している、例えば、

a. 指定地域の法的な保護状態の変化
b. 遺産内か、或は、遺産に影響が及ぶような場所における再移住計画、或は、開発事業
c. 武力紛争の勃発、或は、その恐れ
d. 保護管理計画が欠如しているか、不適切か、或は、十分に実施されていない

〔文化遺産の場合〕

(1) 確認危険（Ascertained Danger）

遺産が特定の確認された差し迫った危険に直面している、例えば、

a. 材質の重大な損壊
b. 構造、或は、装飾的な特徴の重大な損壊
c. 建築、或は、都市計画の統一性の重大な損壊
d. 都市、或は、地方の空間、或は、自然環境の重大な損壊
e. 歴史的な真正性の重大な喪失
f. 文化的な意義の大きな喪失

(2) 潜在危険（Potential Danger）

遺産固有の特徴に有害な影響を与えかねない脅威に直面している、例えば、

a. 保護の度合いを弱めるような遺産の法的地位の変化
b. 保護政策の欠如
c. 地域開発計画による脅威的な影響
d. 都市開発計画による脅威的な影響
e. 武力紛争の勃発、或は、その恐れ
f. 地質、気象、その他の環境的な要因による漸進的変化

【図表31】世界遺産を取り巻く脅威や危険

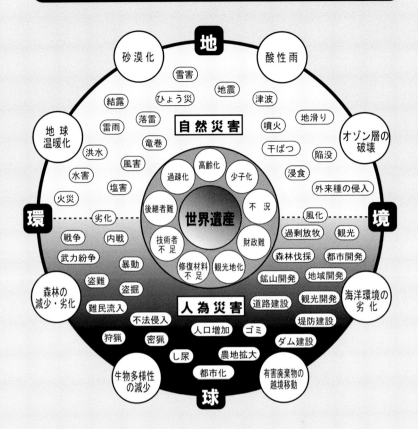

世界遺産を取巻く脅威、危険、危機の因子

- 固有危険　風化、劣化など
- 社会環境の変化　過疎化、高齢化、少子化、後継者難、観光地化など
- 自然災害　地震、津波、台風、洪水、地滑り、火山の噴火など
- 人為災害　戦争や紛争、密猟、密漁、タバコの不始末等による火災など
- 地球環境問題　地球温暖化、砂漠化、酸性雨、海洋環境の劣化など

世界遺産を取巻く脅威、危険、危機の状況

- 確認危険　遺産が特定の確認された差し迫った危険に直面している状況
- 潜在危険　遺産固有の特徴に有害な影響を与えかねない脅威に直面している状況

世界遺産入門−平和と安全な社会の構築−

【図表32】世界のこれまでの主な戦争、紛争、テロ事件など

- ■第一次世界大戦（1914年〜1918年）
- ■満州事変（1931年）
- ■日中戦争（1937年〜1941年）
- ■第二次世界大戦（1939年〜1945年）
- ■太平洋戦争（1941年〜1945年）
- ■インドシナ戦争（1946年〜54年）
- ■ベルリン封鎖（1948年〜49年）
- ■パレスチナ戦争（1948年〜49年）
- ■朝鮮戦争（1950年〜53年）
- ■ハンガリー動乱（1956年）
- ■コンゴ内戦（1960年）
- ■ヴェトナム戦争（1960年〜75年）
- ■キューバ危機（1962年）
- ■キプロス紛争（1964年）
- ■第3次中東戦争（1967年）
- ■チェコ政変（1968年）
- ■中ソ国境紛争（1969年）
- ■印パ戦争（1971年）
- ■第4次中東戦争（1973年）
- ■カンボジア内戦（1978年）
- ■中越国境紛争（1979年）
- ■エルサルバドル内戦（1979年〜）
- ■ニカラグア内戦（1979年）
- ■アフガニスタン紛争
    （1979年、1989〜2001年、2001年〜）
- ■イラン・イラク戦争（1980年〜1988年）
- ■フォークランド紛争（1982年）
- ■ソマリア内戦（1982年〜）

危機遺産とは

96　　　　　　　　　　　　　　　　　シンクタンクせとうち総合研究機構

世界遺産入門−平和と安全な社会の構築−

危機遺産とは

■アメリカ、グレナダ侵攻（1983年）
■ワジリスタン紛争（2001年〜）
■アメリカ同時多発テロ事件（2001年）
■モスクワ劇場占拠事件（2002年）
■アメリカ等がイラク侵攻（2003年）
■ロンドン同時多発テロ事件（2005年）
■レバノン侵攻（2006年）
■北朝鮮核問題（2006年、2009年）
■南オセチア紛争＜ロシア・グルジア戦争＞（2008年）
■タイ・カンボジア国境紛争（2008年）
■新疆民族紛争（2009年）
■リビア内戦（2011年〜）
■シリア内戦（2011年〜）
■マリ紛争（2012年〜）

シンクタンクせとうち総合研究機構

世界遺産の例示（危機遺産）

ヴィルンガ国立公園（コンゴ民主共和国）
1979年登録　★【危機遺産】1994年
【自然遺産】登録基準（vii）(viii)(x)

エバーグレーズ国立公園（アメリカ合衆国）
1979年登録　★【危機遺産】2010年
【自然遺産】登録基準（vii）(ix)(x)

トンブクトゥー（マリ）
1988年登録　★【危機遺産】2012年
【文化遺産】登録基準（ii）(iv)(v)

世界遺産の例示（危機遺産）

イエスの生誕地：ベツレヘムの聖誕教会と巡礼の道（パレスチナ）
2012年登録　★【危機遺産】2012年
【文化遺産】登録基準（iv）(vi)

サーマッラの考古学都市（イラク）
2007年登録　★【危機遺産】2007年
【文化遺産】登録基準（ii）(iii)(iv)

古代都市アレッポ（シリア）
1986年登録　★【危機遺産】2013年
【文化遺産】登録基準（iii）(iv)

世界遺産の保存管理と利活用

富岡製糸場と絹産業遺産群
(Tomioka Silk Mill and Related Sites)
文化遺産（登録基準(ii)(iv)）　2014年登録

群馬県富岡市

❏ 世界遺産の保存管理

「世界遺産条約履行の為の作業指針」における「世界遺産の保存管理」の考え方は、次の通りです。

世界遺産の保存管理にあたっては、「顕著な普遍的価値」及び完全性、真正性の登録時の状態が、将来にわたって維持、強化されるように担保しなければいけません。【図表14】

「世界遺産リスト」に登録されているすべての物件は、適切な長期的立法措置、規制措置、制度的措置、伝統的手法により確実な保存管理が担保されていなければならない。その際、適切な保護範囲（境界）の設定を行うべきです。

世界遺産条約締約国は、登録推薦物件についても、同様に、国、地域、市町村の各段階における適切な保護対策、伝統的手法による適切な保護対策を具体的に示すことが求められます。

従って、世界遺産条約締約国は、当該物件を保護するためにどのような措置が実施されているかについて分かりやすく解説した説明文を登録推薦書類に添付すること。

立法措置、規制措置、契約による保護措置

物件の存続を保証し、「顕著な普遍的価値」及び完全性、真正性に影響を及ぼす可能性のある開発等から物件を保護するための立法措置、規制措置を国及び地方レベルで整備することが求められます。また、世界遺産条約締約国は、それらの施策を十分かつ効果的に実施する必要があります。

効果的な保護のための境界線の設定

世界遺産の登録範囲において、核心地域（Core Area）とバッファー・ゾーン（Buffer Zone）との境界線を明確に設定することは、登録推薦物件を効果的に保護するための不可欠な要件です。【図表33】【図表34】

境界線の設定は、物件の「顕著な普遍的価値」及び完全性、真正性が十分に表現されることを保証するように行われなければなりません。

登録基準（i）から（vi）に基づいて登録推薦される物件の場合は、物件の「顕著な普遍的価値」を直接的かつ具体的に表現しているすべての領域、属性を包含するとともに、将来の調査次第でそれらの理解を深めることに寄与する潜在的可能性を有する地域もあわせて含むように境界を設定すること。

登録基準（vii）から（x）に基づいて登録推薦される物件の場合は、「世界遺産リスト」登録の根拠となる生息域、種、（生物学的、地質学的）過程または現象を成立させる空間的要件を反映した境界を設定すること。推薦範囲外の浸食的人間活動や資源利用の直接的影響から物件の遺産価値を保護するために、「顕著な普遍的価値」を持つ範囲に直接的に隣接する地域について十分な範囲を含むようにすること。

登録推薦物件の境界は、自然公園、自然保護区（リザーブ）、生物圏保護区（バイオスフィアリザーブ）、歴史的保護地区など、既存または計画中の保護区と重なる場合があります。これら既存の

保護区内には管理水準の異なる複数のゾーンが設定されていることがありますが、必ずしも全てのゾーンが登録のための基準を満たすとは限りません。

バッファー・ゾーン（緩衝地帯）

物件を適切に保全するために必要な場合は、適切にバッファー・ゾーン（緩衝地帯）を設定すること。

バッファー・ゾーンは、推薦物件の効果的な保護を目的として、推薦物件を取り囲む地域に、法的または慣習的手法により補完的な利用、開発規制を敷くことにより設けられるもうひとつの保護の網です。

推薦物件の直接のセッティング、重要な景色やその他物件の保護を支える重要な機能をもつ地域または特性が含まれるべきです。

バッファー・ゾーンをなす範囲は、個々に適切なメカニズムによって決定されるべきです。登録推薦の際には、バッファー・ゾーンの大きさ、特性及びバッファー・ゾーンで許可される用途についての詳細及び物件とバッファー・ゾーンの正確な境界を示す地図を提出すること。

設定されたバッファー・ゾーンが、当該物件をどのように保護するのかについての分かりやすい説明もあわせて示すこと。

バッファー・ゾーンを設定しない場合は、バッファー・ゾーンを必要としない理由を登録推薦書類に明示すること。

通常、バッファー・ゾーンは登録推薦物件とは別ですが、物件が「世界遺産リスト」へ登録された後にバッファー・ゾーンを変更する場合は、世界遺産委員会の承認を得なければなりません。

管理体制

各登録推薦物件には、物件の「顕著な普遍的価値」をどのように保全すべきか（参加型手法を用いることが望ましい）について明示した適切な管理計画の策定または管理体制を整備すること。

管理体制の目的は、登録推薦物件の現在及び将来に渡る効果的な保護を担保することです。

どのような管理体制が効果的かは、登録推薦物件のタイプ、特性、ニーズや当該物件が置かれた文化、自然面での文脈によっても異なります。管理体制の形は、文化的視点、資源量その他の要因によって、様々な形をとり得る。伝統的手法、既存の都市計画や地域計画の手法やその他の計画手法が使われることが考えられます。

上記の多様性を認識したうえで、効果的な保存管理体制に共通する要素として、以下のものが挙げられます。

　　□すべての関係者が物件についての理解を十二分に共有していること。
　　□計画、実行、モニタリング、評価、フィードバックのサイクル。
　　□パートナーと関係者が参加していること。
　　□必要な（人的、財政的）資源が割り当てられていること。

□能力開発。
□保存管理体制の運営に関するアカウンタビリティと透明性。

効果的な保存管理には、登録推薦物件の保護、保全、及び公開に関して、長期的取組み／日常的活動のサイクルがあります。

さらに、世界遺産条約の履行という観点から、世界遺産委員会はリアクティブ・モニタリング及び定期報告の手続きを設定しています。

同種、同類の構成資産をつなぐ「連続性のある物件」(シリアル・ノミネーション Serial Nomination)については、個々の構成資産の管理を連携して行うための保存管理体制・メカニズムが不可欠であり、登録推薦書類に明記することが求められます。

世界遺産委員会に物件を登録推薦した時点では、保存管理計画またはその他の保存管理体制が整備されていない場合も考えられます。その場合、当該世界遺産条約締約国は、いつ保存管理計画・体制が整備されるのか、どのようにして新しい保存管理計画・体制の整備及び実施に必要な(人的、財政的)資源を確保するのかについて示すことが求められます。あわせて、保存管理計画が完成するまでの間についての保存管理方針を示す文書 すなわち、作業計画等を提出しなければなりません。

登録推薦物件の本来の特質が、人為的行為に脅かされていながら、なお登録基準及び真正性または完全性の条件を満たしている場合は、必要な是正措置について示したアクション・プランを登録推薦ファイルとともに提出することが求められます。

世界遺産条約締約国が提出した是正措置が、世界遺産条約締約国により提示された期限内に実施されない場合は、世界遺産委員会で採択される手順に基づき、世界遺産委員会は物件をリストから削除することを検討します。

締結国には、世界遺産のための効果的な保存管理活動を効果的に実施する責任があります。世界遺産条約締約国は、物件の管理者、管理権限を持つ機関その他のパートナー、及び物件管理関係者との緊密な連携を図ること。

世界遺産条約締約国が世界遺産管理計画及び研修戦略中に危機対策10の項目を含めることを、世界遺産委員会は推奨します。

保全状況及び物件へ影響を与える諸条件

物件の現在の保全状況に関する正確な情報(物件の物理的状況及び実施されている保全措置に関する情報等)を記載すること。また、物件へ影響を与える脅威等の諸条件についても記述すること。これらの情報は、登録推薦物件の保全状況を将来モニタリングする際に必要な基礎的なデータとなります。

保存管理

保存：物件の保存に最も関係のある、法的措置、規制措置、契約による措置、計画的措置、制度的措置、伝統的手法による措置の一覧を示し、当該措置による保存が実際にどのように機能するのかについて詳細な分析を示すこと。

また、法令文、規制条文、契約分、計画や制度に係る文書、若しくは当該文書の要約、を英語またはフランス語で添付すること。

　管理：適切な管理計画その他の管理体制が不可欠であることから、これらについて登録推薦書に示すことが必要です。

　また、管理計画その他の管理体制の効果的な履行をいかに担保するかについても示すことが期待されます。管理計画または管理体制についての文書を1部、登録推薦書類に添付すること。存在する管理計画が英語またはフランス語でない場合は、管理計画の規定について英語またはフランス語で詳しく解説した資料を添付すること。

　管理計画、または、管理体制に係る文書について詳細な分析、解説を行うこと。上記の資料を含まない登録推薦は、管理計画が整備されるまでの間の物件管理についての指針を示した他の文書が提出されない限り不完全とみなされます。

❏世界遺産を活用した地域振興

　世界遺産を活用した地域振興のあり方として、私は、教育、観光、地域づくり・まちづくりの分野での利活用が望ましいと主張しています。

(1) 教育

　世界遺産を教育に生かすことは、世界遺産地における郷土学習をはじめ、学校教育や社会教育に導入していく試みは重要です。

　世界遺産地の小学校、中学校、高校での学校教育、それに、公民館、コミュニティ・センターなどで行われる社会教育にも反映させていくことが大切です。

　ユネスコの「世界遺産リスト」には、多様な自然遺産や文化遺産が登録されており、世界的な視野を広げ、46億年の地球史や500万年の人類史を学ぶのに最適な題材の宝庫です。

　ユネスコの世界遺産とは何なのか、そして、世界遺産の価値についての認識を全員が共有すること、また、全国的な普及PRを図り、世界遺産の認知度や認識度を深めていく必要があります。

(2) 観光

　観光振興の為に世界遺産登録をめざす自治体が時折見受けられますが、世界遺産条約の本旨は、世界遺産の保護や保存が目的であり、観光振興が目的ではないことを再認識しておく必要があります。

　しかしながら、世界遺産になると、全国的な知名度の高まりと共に、将来的に地域を代表する観光資源になる可能性が高く、一般的には、世界遺産登録前後は、観光入込み客数は増加します。

　なかでも、観光地として成熟していない地域が世界遺産地になると、必然的に増加率は高くなりますが、それが持続するかどうかは、遺産そのものの魅力をどのように引き出していくか、地元の

工夫や努力等で分岐します。

　観光庁は、観光立国の実現をめざしていますが、ユネスコの世界遺産は、日本が内外に誇れる観光資源でもあり、世界遺産を活用した持続可能な観光の推進体制を強化すべきです。

　世界遺産観光のあり方も、陸路や空路だけではなく、クルーズ船などによる海路からのアプローチなど、交通手段も多様化しています。

(3) 地域づくり・まちづくり

　岩手県の「平泉」が2011年6月の第35回世界遺産委員会パリ会議で、ユネスコの「世界遺産リスト」に登録されました。2001年の世界遺産暫定リスト入りから起算しても実に10年以上の歳月を要したことになります。

　2008年の第32回世界遺産委員会ケベック会議では、「顕著な普遍的価値」の証明が不十分として、「登録延期」決議となり、再チャレンジとなったわけです。

　この3年間に、「登録延期」に伴うコンセプトの変更や改善措置を講じる必要性など紆余曲折のプロセスもありましたが、地元の平泉町をはじめ岩手県など関係者の長年にわたっての地道な努力が結実したのだと思います。

　世界遺産登録は、こうした実現に向けてのプロセスこそが重要で、苦難があればあるほど、それを克服する為に、皆が知恵を絞り努力を重ねていく過程そのものが、まちづくりであり、地域の振興につながるのだと思います。

　世界遺産登録の実現に向けて、そして、世界遺産登録後においても、世界遺産地にふさわしい、世界に誇れる地域づくり・まちづくりを進めていくことが大切です。

　世界遺産登録の実現に向けては、「世界遺産基準」を満たす地域づくり・まちづくりを理想に描いて、現実とのギャップを解消していく、長い時間のかかる地道な作業のプロセスこそが地域づくり・まちづくりと言っても過言ではありません。

　世界遺産登録をなぜめざすのか、住民全体の理解と利害関係者の同意がなければ、世界遺産登録後の地域づくり・まちづくりは、上手くいきません。行政と民間とが協働して、世界遺産に育てる夢と魅力のある地域づくり・まちづくりを進めていくことが望まれます。【図表35】

　行政と民間との相互協力による協働活動は、地域の活性化、地域活力の向上につながり、世界遺産を活用した地域振興、「世界基準」の地域づくり・まちづくりを進めていくことも意義のあることです。

　世界遺産登録はゴールではありません。世界遺産地では、世界遺産登録後も様々な問題や課題に直面しています。例えば、「広島の平和記念碑(原爆ドーム)」では、登録遺産の周辺部でのビルやマンションの建設に伴う景観問題、元安川に係留されている牡蠣船の移動に伴う環境問題が発生しており、イコモスは、世界遺産条約とバッファー・ゾーンに関する会議に際して採択した「原爆ドームに関する勧告」をリマインドさせるなど警鐘を発しています。【図表36】

コラム　クルーズ船での世界遺産の旅のすすめ

　クルーズ船でのツアーが人気です。今年2015年に入って、「にっぽん丸」（商船三井客船）での20日間の「東南アジア・クルーズ」と6日間の「小笠原と硫黄島周遊クルーズ」に参加する機会に恵まれました。
　東洋のガラパゴスにもたとえられる「小笠原諸島」（東京都）の様に、船でしか行くことのできない世界自然遺産を訪ねることができるのも貴重な経験です。
　前者の寄港地は、横浜～香港（中国）～ダナン・ニャチャン・ホーチミンシティ（ヴェトナム）～コタキナバル（マレーシア）～プエルトプリンセサ（フィリピン）～横浜、後者は、横浜－父島－横浜でしたが、寄港地からの世界遺産、「マカオの歴史地区」（中国）、「フエの建築物群」、「古都ホイアン」（ヴェトナム）、「キナバル公園」（マレーシア）などへのオプショナル・ツアー、或は、船上からの太平洋戦争の激戦地「硫黄島」、40年ぶりの噴火で新島が出現、急拡大し一体化した「西之島」などの島々や「ホエール・ウオッチング」など船旅ゆえの醍醐味を満喫できました。
　クルーズ船でのツアーの良いところは、（1）徐々に進むのでジェット・ラグ（時差ボケ）がないこと。（2）飛行機が嫌いな人、乗れない人でも大丈夫であること。（3）荷物の揚げ下ろしの手間が少ないこと。（4）全食事付きであること。（5）船上でのコンサートなど各種イベントを楽しめることなどが挙げられます。
　旅程の長いロング・クルーズになればなるほど、時間的にも経済的にもゆとりがなければ参加できませんが、参加者の平均年齢が70歳を越えていることからもわかる通り、男女共に元気な高齢者が多いのにも驚かされます。
　これまでに、日本の世界自然遺産、屋久島（鹿児島県）、白神山地（青森県・秋田県）、知床（北海道）を巡る「日本一周クルーズ」で、神戸～神戸、横浜～横浜と時計回り、逆回りと二周、また、「世界一周クルーズ」でのアレキサンドリア（エジプト）～ピレウス（ギリシャ）～ヴァレッタ（マルタ）～チヴィタヴェッキア（イタリア）～カンヌ（フランス）～バルセロナ（スペイン）間のエーゲ海・地中海の区間クルーズも経験、船上で思いがけず知人と出会うこともありました。
　航海は人生にもたとえられ、好日ばかりではありませんが、日常生活から解放される非日常の船旅は、異文化との出会いの場であり、心身をリフレッシュさせてくれるもので、おすすめの旅の形です。

小笠原諸島の父島の三日月山から「にっぽん丸」が停泊する二見湾を望む

【図表33】世界遺産の登録範囲

【図表34】世界遺産のコア・ゾーンとバッファー・ゾーン

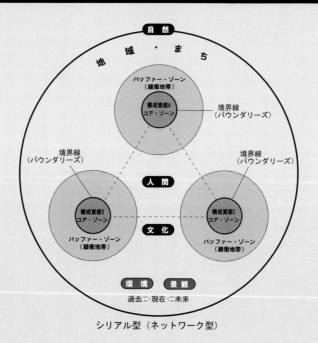

シリアル型（ネットワーク型）

【図表35】世界遺産に育てる夢と魅力のある地域づくり・まちづくり

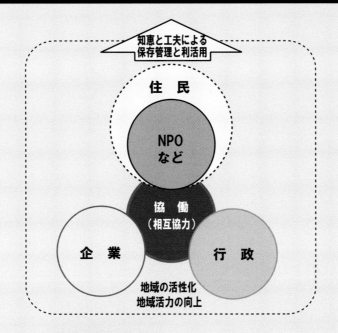

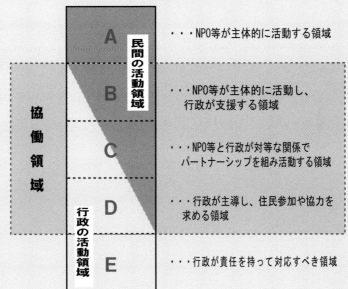

Ⓒ世界遺産総合研究所

【図表36】原爆ドームに関する勧告

広島で開催された世界遺産とバッファー・ゾーンに関する会議に参加した、我々イコモスの法律・行政・財政問題に関する国際委員会の専門家メンバーは、

日本イコモス国内委員会およびユネスコ・アジア文化センター(ACCU)がこの会議を価値あるものとして企画・主催・後援されたことに心から感謝の意を表し、

バッファー・ゾーンの問題が、特に法的・社会経済的・環境的・政治的観点から、世界遺産にとって重要な問題であり続けてきたことを認め；

原爆ドームに近接しているために景観を損ない、原爆ドームの文化的な統合性と卓越した普遍的価値を減じる広島商工会議所の建物を移転するという決定を歓迎し、

原爆ドームから至近距離に最近建設された新しいマンションを含め、原爆ドーム周辺のバッファー・ゾーン内に5つの高層建築が建設されたという事実に対して、大いなる遺憾と失望の念を表明し、

将来も同様の建築が続く可能性を憂慮し、

以下のことを日本国内閣総理大臣、広島県知事、広島市長に呼びかける。

1 世界遺産として登録された文化遺産の完全性を失わせずとも、それを損なう建設行為が問題となった事例として、ケルンとドレスデンの事例を調査し熟考すること

2 世界遺産の景観と空間的な統合性を妨げることが世界遺産の文化的な価値の減少と希薄化を意味すると認識したものとして、広島商工会議所の建物の移転計画を理解すること、そしてその跡地地域の将来の利用がむしろ世界遺産の卓越した普遍的価値を強化するものであることを確実にすること

3 建物の高さ、色、美的側面およびその他の環境との適合性の観点から、拘束力のある規制を採択し、世界遺産の周辺における開発計画を規整すること

****

この勧告は、世界遺産条約とバッファー・ゾーンに関する会議に際して、2006年11月29日に広島で採択された。

（注）この「原爆ドームに関する勧告」は、2006年11月29日、広島で開催された「世界遺産条約とバッファー・ゾーンに関する会議」（企画・主催・後援：日本イコモス国内委員会およびユネスコ・アジア文化センター(ACCU)）に際して採択された。

RECOMMENDATIONS FOR THE ATOMIC BOMB DOME

We, the expert members of the International Committee for Legal, Administrative and Financial Issues of ICOMOS attending the Conference on The World Heritage Convention and the Buffer Zone in Hiroshima, Japan:

Acknowledging with sincere appreciation the International Council on Monuments and Sites Japan (ICOMOS Japan), and the Asia/Pacific Cultural Centre for UNESCO (ACCU) for their valuable organization of the conference;

Recognizing that the buffer zone issues have been very important in world heritage especially their legal, socio-economic, environmental and political aspects;

Welcoming the decision to remove the black building, Shôkôkaigisho, located very near the Hiroshima Atomic Bomb Dome as it harms the view and diminishes its cultural integrity and outstanding universal value;

Expressing our deep regret and disappointment over the construction of five high-rise buildings in the buffer zone, including the recently completed apartment building adjacent to the Atomic Bomb Dome;

Being concerned about possible similar constructions in the future;

Call upon the Prime Minister of Japan, the Governor of Hiroshima Prefecture, and the Mayor of Hiroshima City:

1. To study and reflect upon the cases of Cologne and Dresden as they pertain to construction that impedes, if not diminishes, the overall integrity of the property inscribed as a World Heritage Site;

2. To see the planned demolition of the Shôkôkaigisho building as a recognition that obstruction of the view and spatial integrity of a World Heritage Site is a diminution or dilution of its cultural value and to ensure that any future use of this area will strengthen the outstanding universal values of the World Heritage Site; and

3. To adopt binding regulations to control development projects in the vicinity of the World Heritage Site in terms of height restrictions, building color, aesthetics, and other compatibility factors.

****

These Recommendations were adopted in Hiroshima, Japan, on 29 November 2006, during the Conference on The World Heritage Convention and the Buffer Zone.

世界遺産の今後の課題と展望

富士山-信仰の対象と芸術の源泉
(Fujisan, sacred place and source of artistic inspiration)
文化遺産（登録基準(iii)(vi)）　2013年登録　静岡県・山梨県

三保の松原（静岡市）

世界遺産のこれから

　国際的には、2012年は、世界遺産条約が採択されてから40年になり、2012年11月15日〜17日の3日間、ユネスコの主催による世界遺産条約40周年記念行事が日本で開催されました。

　メイン・テーマは、「世界遺産と持続可能な発展：地域社会の役割」であり、地域社会は、世界遺産とどの様に関わり、どの様な役割を果たしていくべきなのかが国際的に議論されました。

　ブータン、ブルネイ、ジャマイカなど、世界遺産条約は締約しているものの、まだ世界遺産がない国や地域、世界遺産にふさわしい物件はあるのに、ツバル、リヒテンシュタイン、台湾など、色々な事情で世界遺産条約を締約できない為、世界遺産登録が事実上できない国や地域もあります。

　国内的には、今後、世界遺産に登録する考えのある暫定リストには、自然遺産関係は、暫定リスト記載物件はなく、新たな登録が必要です。【図表37】

　2003年に環境省と林野庁による「世界自然遺産候補地に関する検討会」で選定された19地域のうち、既に、世界遺産登録を実現した「知床」と「小笠原諸島」の2地域を除く「琉球諸島」(鹿児島県・沖縄県)、「利尻・礼文・サロベツ原野」(北海道)、「大雪山と日高山脈を統合した地域」(北海道)、「飯豊・朝日連峰」(山形県・新潟県・福島県)、「九州中央山地周辺の照葉樹林」(宮崎県)などの準備を進めるべきです。

　文化遺産関係では、現在、暫定リストに登録されているのは11件で、「古都鎌倉の寺院・神社ほか」(神奈川県)、「彦根城」(滋賀県)、「飛鳥・藤原の宮都とその関連資産群」(奈良県)、「長崎の教会群とキリスト教関連遺産」(長崎県)、「国立西洋美術館本館」(東京都)、「北海道・北東北の縄文遺跡群」(北海道・青森県・秋田県・岩手県)、「明治日本の産業革命遺産－九州・山口と関連地域」(福岡県・佐賀県・長崎県・熊本県・鹿児島県・山口県・静岡県・岩手県)、「宗像・沖ノ島と関連遺産群」(福岡県)、「百舌鳥・古市古墳群」(大阪府)、「金を中心とする佐渡鉱山の遺産群」(新潟県)、それに登録範囲の拡大をめざす「平泉－仏国土(浄土)を表す建築・庭園及び考古学的遺跡群」(岩手県)です。

　ユネスコの規定の変更で、毎年、登録推薦できる数にも限りがある為、戦略的に、順序なども考えて、登録推薦を進めていく必要があります。

　世界遺産条約履行の為の作業指針(通称：オペレーショナル・ガイドラインズ)では、新登録に関わる登録推薦件数は、2006年の第30回世界遺産委員会ヴィリニュス会議での決議に基づき、実験的措置及び移行措置として、各締約国からの登録推薦件数は、2件まで(但し、2件を提出する場合、うち1件は自然遺産とする)の審査とするメカニズムが適用されてきました。

　2011年の第35回世界遺産委員会パリ会議では、これまでの実験的措置及び移行措置の結果を踏まえて、オペレーショナル・ガイドラインズを改定、各締約国からの登録推薦件数は、2件まで(但し、2件を提出する場合、うち1件は自然遺産、或は、文化的景観とする)の審査とするメカニズムに変更になり、2015年の第39回世界遺産委員会で、この決議の効果を再吟味することになりました。

　また、これまでに登録されている世界遺産とは異なる時代、分野、地域を代表するものの登録を戦略的に進めていくことが大切です。

❑世界遺産の持続可能な発展

　2012年は、1972年にパリで開催された第17回ユネスコ総会において「世界の文化遺産及び自然遺産の保護に関する条約」(通称：世界遺産条約)が採択されてから40年になる節目の年でした。

　世界遺産条約採択40周年を記念して、2012年1月30日、パリのユネスコ本部で式典が開催され、2月6日から8日までブラジルの世界遺産地オウロ・プレートで開催された諮問会合をスタートに、公式テーマ「世界遺産と持続可能な発展：地域社会の役割」(World Heritage and Sustainable Development: the Role of Communities)に焦点をあてた数多くの会合や行事がブラジル、ノルウェー、南アフリカ、アルジェリア、韓国など世界の30か国で開催されました。

　"Sustainable Development"とは、一般的には、「環境と開発に関する世界委員会」(委員長：ブルントラント・ノルウェー首相(当時))が1987年に公表した報告書「Our Common Future」の中心的な考え方として取り上げた概念で、「将来の世代の欲求を満たしつつ、現在の世代の欲求も満足させるような開発」のことを言います。

　この概念は、環境と開発を互いに反するものではなく共存し得るものとしてとらえ、環境保全を考慮した節度ある開発が重要であるという考えに立つものですから、ここでは、Developmentは、いわゆる「開発」と訳すよりも、「発展」と訳す方が適訳でしょう。

　世界遺産条約採択40周年の節目の年にあたり、改めて、世界遺産条約が「持続可能な発展」に向けて果たすべき貢献のあり方が問われました。

　世界遺産条約は、「顕著な普遍的価値」(Outstanding Universal Value)を有する自然遺産および文化遺産を人類全体のための世界遺産として、破壊・損傷等の脅威や危険から保護・保存することが重要であるとの観点から、国際的な協力および援助の体制を確立することを理念や目的としています。

　世界遺産は、いつも、あらゆる脅威や危険にさらされています。地震、津波などの自然災害、戦争、紛争、無秩序な開発行為などの人為災害、気候変動による地球の温暖化など地球環境問題などです。1979年、ユーゴスラヴィア(現モンテネグロ)のモンテネグロ沿岸部で起こった大地震で被災した「コトルの自然・文化-歴史地域」が、最初に、「危機にさらされている世界遺産リスト」(略称：危機遺産リスト)に登録されました。

　「世界遺産の持続可能な発展」の前提条件として、戦争や紛争がない世界の平和が望まれることと不測の自然災害にもリスクを軽減できる予防管理に常日頃から備える国家や地域社会の対応が求められています。

　世界遺産の数も、1982年の世界遺産条約採択10周年の時は、136（自然遺産　33　文化遺産　97　複合遺産　6）、1992年の20周年の時は、378（自然遺産　86　文化遺産　277　複合遺産　15）、2002年の30周年の時は、730（自然遺産　144　文化遺産　563　複合遺産　23）、2012年の40周年の時は、962（自然遺産　188　文化遺産　745　複合遺産　29）、そして、2015年4月現在、1007（自然遺産　197　文化遺産　779　複合遺産　31）になっています。

この間、世界的に「顕著な普遍的価値」を有する自然景観、地形・地質、生態系、生物多様性の多様な自然遺産、遺跡、建造物群、モニュメントなど多様な文化遺産が「世界遺産リスト」に登録されています。

この間、世界遺産委員会も38回開催され、「世界遺産条約履行の為の作業指針」（通称：オペレーショナル・ガイドラインズ）も、改訂されてきました。

地球と人類の至宝ともいえる世界遺産は、将来の世代に責任をもって継承していくことも、今を生きる私たちの責務でもあります。世界遺産は誰が守っていくべきなのか、世界遺産がある世界遺産地を中心とする地域社会の果たすべき役割は大きいです。

各世界遺産地は、世界遺産登録後の成果と保全管理上の課題、持続可能な利用の取組、地域社会が果たす役割等について、改めて検証し、今後、必要とされる取組等について地域社会との関係をレビューしてみる必要があります。

世界遺産条約採択30周年の2002年、世界遺産委員会は、「世界遺産に関するブダペスト宣言」を採択し、4つの主要な戦略目標「信用性の確保」(Credibility)、「保存活動」(Conservation)、「能力の構築」(Capacity Building)、「意思の疎通」(Communication)を通じて、世界遺産の保存を支援するよう、すべての関係者に呼びかけました。

また、官民連繋を促し、幅広い層の機関や個人が世界各地にある世界遺産の保存に貢献できるようにする枠組みの為、「世界遺産パートナー・イニシアティブ」(PACT)が立ち上げられました。また、2007年の世界遺産委員会で、5つ目の戦略目標の「C」として、「コミュニティの活用」(Community)が加えられ、世界遺産の保存活動で地域社会が果たす重要な役割が強調されました。

ユネスコは、世界遺産条約の将来について、2011年11月の第18回世界遺産条約締約国総会で、次の決議をしています。

(1) 世界遺産の6つの将来目標

◎世界遺産の「顕著な普遍的価値」の維持
◎信用性のある世界で最も顕著な文化・自然遺産の選定である「世界遺産リスト」
◎現在と将来の環境的、社会的、経済的なニーズを考慮した世界遺産の保護と保全
◎世界遺産のブランドの質の維持・向上
◎世界遺産委員会の方針と戦略的重要事項の表明
◎定例会合での決議事項の周知と効果的な履行

(2) 世界遺産条約履行の為の戦略的行動計画　2012〜2022

◎信用性、代表性、均衡性のある「世界遺産リスト」の為のグローバル戦略の履行と自発的な
　保全への取組みとの連携(PACT)に関するユネスコの外部監査による独立的評価
◎世界遺産の人材育成戦略
◎災害危険の軽減戦略
◎世界遺産地の気候変動のインパクトに関する方針
◎下記のテーマに関する専門家グループ会合開催の推奨
　○世界遺産の保全への取組み
　○世界遺産条約の委員会等組織での意思決定の手続き

〇世界遺産委員会での登録可否の検討に先立つ前段プロセスの改善
〇世界遺産条約における保全と持続可能な発展との関係

　世界遺産条約採択40周年記念最終会合（主催：外務省、文化庁、環境省、林野庁　協力：ユネスコ世界遺産センター）は、2012年11月6日から8日までの3日間、日本の京都市の国立京都国際会館で「世界遺産と持続可能な発展：地域社会の役割」をメイン・テーマに開催され、世界の60か国から600人が参加、開発や観光、防災、地域社会との関わり、人材育成、世界遺産の信頼性など、多角的な視点から議論が交わされました。

　記念講演、世界遺産条約の歴史を振り返り、将来を展望する国際的な議論、地域社会は世界遺産とどのように関わり、どのような役割を果たしていくべきなのかプレゼンテーションが行われ、最終日には、成果文書として、「京都ヴィジョン」が発表されました。【図表38】

　「京都ヴィジョン」には、地域社会が世界遺産の保全などに積極的に関わり、世界遺産を活用して発展していくことの重要性等が盛り込まれました。

　これから10年後の2022年、世界遺産条約採択50周年に向けて、新たな一歩が踏み出されました。国連のポスト2015年ミレニアム開発目標（ポストMDGs）、それに、「生物多様性条約新戦略計画2011～2020年）（通称：愛知ターゲット）などの国際的政策とも連携した、ユネスコの「世界遺産条約」の持続可能な発展が望まれています。

　国連のポスト2015年ミレニアム開発目標（ポストMDGs）については、現在、ポストMDGs～2016年以降の開発目標について、議論されています。

　「生物多様性条約新戦略計画2011～2020年」の長期目標（ビジョン）には、「自然と共生する」世界の実現が掲げられています。それは、「2050年までに、生物多様性が評価され、保全され、回復され、そして賢明に利用され、そのことによって生態系サービスが保持され、健全な地球が維持され、全ての人々に不可欠な恩恵が与えられる」世界です。

　ここで示された「自然との共生」の概念は、2010年1月に日本から生物多様性条約事務局に提案したもので、わが国において古くから培われてきた自然共生の考え方や知恵が、広く世界各国の理解と共感を得たものといえます。

　2020年までの短期目標（ミッション）は、生物多様性の損失を止めるために効果的かつ緊急な行動を実施することです。

　これによって、2020年までに回復力のある生態系と、そこから得られる恩恵が継続されることを確保し、そして、地球の生命の多様性を確保し、人類の福利（人間の豊かな暮らし）と貧困解消に貢献します。

　このためには、(1)生物多様性への圧力（損失原因）の軽減、生態系の回復、生物資源の持続可能な利用　(2)遺伝資源の利用から生ずる利益の公正かつ衡平な配分　(3)適切な資金や能力の促進　(4)生物多様性の課題と価値が広く認知され、行動につながること（主流化）　(5)効果的な政策の実施、予防的アプローチと科学に基づく意思決定を必要としています。

シンクタンクせとうち総合研究機構

【図表37】日本の世界遺産と暫定リスト記載物件など

【自然遺産関係】
【世界自然遺産】(登録年)
- ③ 白神山地 (1993年)
- ④ 屋久島 (1993年)
- ⑬ 知床 (2005年)
- ⑯ 小笠原諸島 (2011年)

【暫定リスト記載予定物件】 ⑫奄美・琉球

【自然遺産関係：ポテンシャルサイト】
＜環境省・林野庁 世界自然遺産候補地に関する検討会で選定された地域＞
1. 利尻・礼文・サロベツ原野
2. 大雪山と日高山脈を統合した地域
3. 飯豊・朝日連峰
4. 九州中央山地周辺の照葉樹林
5. 阿寒・屈斜路・摩周
6. 早池峰山
7. 三陸海岸
8. 奥利根・奥只見・奥日光
9. 伊豆七島
10. 富士山
11. 北アルプス
12. 南アルプス
13. 山陰海岸
14. 祖母山・傾山・大崩山
15. 阿蘇山
16. 霧島山

【文化遺産関係】
【世界遺産登録物件】(登録年)
- ❶ 法隆寺地域の仏教建造物 (1993年)
- ❷ 姫路城 (1993年)
- ❺ 古都京都の文化財（京都市、宇治市、大津市）(1994年)
- ❻ 白川郷・五箇山の合掌造り集落 (1995年)
- ❼ 広島の平和記念碑（原爆ドーム）(1996年)
- ❽ 厳島神社 (1996年)
- ❾ 古都奈良の文化財 (1998年)
- ❿ 日光の社寺 (1999年)
- ⓫ 琉球王国のグスク及び関連遺産群 (2000年)
- ⓬ 紀伊山地の霊場と参詣道 (2004年)
- ⓮ 石見銀山遺跡とその文化的景観 (2007年／2010年)
- ⓯ 平泉－仏国土（浄土）を表す建築・庭園及び考古学的遺跡群 (2011年)
- ⓱ 富士山－信仰の対象と芸術の源泉 (2013年)
- ⓲ 富岡製糸場と絹産業遺産群 (2014年)

【世界遺産暫定リスト記載物件】(暫定リスト記載年)
- ① 古都鎌倉の寺院・神社ほか (1992年)
  → 武家の古都・鎌倉（登録推薦書類「取り下げ」）
- ② 彦根城 (1992年)
- ③ 長崎の教会群とキリスト教関連遺産 (2007年)
  → (2016年第40回世界遺産委員会で登録審議予定)
- ④ 飛鳥・藤原の宮都とその関連資産群 (2007年)
- ⑤ 国立西洋美術館本館 (2007年)
  → ル・コルビュジエの建築作品－近代建築運動への顕著な貢献－
  → (2016年第40回世界遺産委員会で登録審議予定)
- ⑥ 北海道・北東北の縄文遺跡群 (2009年)
- ⑦ 九州・山口の近代化産業遺産群 (2009年)
  → 明治日本の産業革命遺産－九州・山口と関連地域
  → (2015年第39回世界遺産委員会で登録審議予定)
- ⑧ 宗像・沖ノ島と関連遺産群 (2009年)
- ⑨ 百舌鳥・古市古墳群 (2010年)
- ⑩ 金を中心とする佐渡鉱山の遺産群 (2010年)
- ⑪ 平泉－仏国土（浄土）を表す建築・庭園及び考古学的遺跡群 (2012年) 登録範囲の拡大

【文化遺産関係：ポテンシャル・サイト】2006年と2007年の文化庁による全国自治体への公募による提案と評価

○ **カテゴリー I　提案書に基づく一定の主題を基に準備を進めるべきもの**
(Ia) 提案書の基本的主題を基に準備を進めるべきもの
　① 最上川の文化的景観-舟運と水が育んだ農と祈り、豊饒な大地-
　② 四国八十八箇所霊場と遍路道
　③ 阿蘇-火山との共生とその文化的景観-
　④ 天橋立-日本の文化景観の原点-
　⑤ 錦帯橋と岩国の町割

(Ib) 当面、以下の主題に関する調査研究を十分に行い、主題及び資産構成に一定の方向性が見えた段階で準備を進めるべきもの
○ 近世の城郭と城下町関連の文化資産
　Ib⑥ 萩-日本の近世社会を切り拓いた城下町の顕著な都市遺産-
　Ib⑦ 城下町金沢の文化遺産群と文化的景観
　Ib⑧ 松本城

○ 近世の寺社とその門前町関連の文化資産
　Ib⑨ 善光寺と門前町

○ 近世の教育資産
　△ 足利学校
　△ 弘道館
　△ 閑谷学校

○ 近世の街道と宿場町関連の文化資産
　Ib⑩ 妻籠宿・馬籠宿と中山道-『夜明け前』の世界-

△ **カテゴリー II**
主題の再構築、構成資産の組み換え、更なる比較研究等により、内容を大幅に見直す必要があるもの
　△ 北海道東部の窪みで残る大規模竪穴住居跡群
　△ 松島-貝塚群に見る縄文の原風景-　→縄文時代の貝塚の一部については、左記 ⑥ に統合の可能性あり
　△ 水戸藩の学問・教育遺産群　○近世の教育資産（弘道館）
　△ 足尾銅山-日本の近代化・産業化と公害対策の起点-
　△ 足利学校と足利氏の遺産　○近世の教育資産（足利学校）
　△ 埼玉（さきたま）古墳群-古代東アジア古墳文化の終着点-
　△ 立山・黒部〜防災大国日本のモデル-信仰・砂防・発電-〜
　△ 日本製糸業近代化遺産〜日本の近代化をリードし、世界に羽ばたいた糸都岡谷の製糸資産〜
　△ 近世高岡の文化遺産群
　△ 霊峰白山と山麓の文化的景観-自然・生業・信仰-
　△ 若狭の社寺建造物群の文化的景観-神仏習合を基調とした中世景観
　△ 飛騨高山の町並みと祭礼の場-伝統的な町並みと屋台祭礼の文化的景観-
　△ 三徳山-信仰の山と文化的景観-
　△ 近世岡山の文化・土木遺産群-岡山藩郡代津田永忠の事績-　○近世の教育資産（閑谷学校）
　△ 山口に花開いた大内文化の遺産-京都文化と大陸文化の受容と融合による国際性豊かな独自の文化-
　△ 宇佐・国東-「神仏習合」の原風景
　△ 竹富島・波照間島の文化的景観〜黒潮に育まれた亜熱帯地域の小島〜

【図表38】世界遺産条約採択40周年記念最終会合　京都ヴィジョン

「世界遺産と持続可能な発展：地域社会の役割」（11月6日〜8日，於：京都）
京都ヴィジョン（ポイント）平成24年11月

序文

- 世界遺産と地域社会との関係は、世界遺産条約の中心であり、人口増加と開発圧力、グローバルな金融危機、気候変動など、現在世界が直面している課題に取り組む基礎をなす。

世界遺産条約の40年の成果

- 世界遺産条約は、文化遺産と自然遺産の保存を一つの枠組みで実現していくための最も強力な手段の一つである。またこの条約は、人類共通の遺産としての世界遺産の重要性を強調し、遺産保護のための国際協力の促進を通じて、社会の結びつき、対話、寛容、文化的多様性と平和に大きく貢献している。

- 世界遺産条約は、その歴史の中で、政策と運用を通じ、遺産保護のグローバルな標準を提供してきた。これまで遺産の保存に関わった全ての関係者に敬意を表するとともに、条約の将来に向け、次の世代を担う青年の役割が重要であることを認識する。

- その一方で、開発による圧力や紛争、災害、さらに、世界遺産リストが真に世界の遺産をバランスよく反映しているかといったものまで、多くの課題が生じている。特に、開発途上国における遺産保護のための技術、人材、財源の決定的な不足を懸念する。

持続可能な地球と世界遺産の役割

- 地球の持続可能性を如何に確保していくかが大きな課題である今日、そのために必要な変革を、ポスト2015年開発目標に反映させていかなくてはならない。

- 人間を主役に据えた遺産の保存は、持続可能な発展及び、社会とそれを取り巻く環境との調和した関係を再構築するための重要な学習モデルとなり得る。社会と環境との相互作用の結果としての遺産は、持続可能な発展の論理の基礎である。これは「生物多様性戦略計画2011-2020」及び「愛知目標」など、関連の国際的政策にも強調されており、その達成は、文化・自然遺産にとって極めて有益である。

- 文化・自然遺産の多様性を認識し、遺産から得られる利益を公平に共有することにより、他者との相互尊重が促進され、コミュニティに社会としての結びつきがもたらされる。

コミュニティの役割の重要性

- 世界遺産条約履行のための戦略的目標に「5つめのC」（注）としてコミュニティが掲げられているとおり、世界遺産の保護のためには、地域社会と先住民を含むコミュニティが重要な役割を果たしている。

世界遺産の今後の課題と展望

- 世界遺産条約が、その目的の一つとして、遺産に「社会(コミュニティ)生活における役割」を与えることを掲げている(第5条)ことから、コミュニティは遺産の保存・管理に十分に参画する必要がある。

- 文化・生物多様性の尊重に基づく人々と遺産との強化された関係のみが、「我々の求める未来」の達成を可能とする。この関係は、様々な分野からの幅広い参加を得た遺産の保存へのアプローチにより成立する。世界遺産を管理していく上で、長期的な持続可能な発展の観点なしでは、世界遺産の「顕著な普遍的価値」を守ることは困難である。

- この観点から、文化・自然遺産から生じる利益は、遺産管理主体と専門家との協力を通じ、持続可能な発展の促進のため、コミュニティに公正に分配されなくてはならない。

- この新しいアプローチと検討のためには、関係機関、政策決定者、遺産の実務関係者、コミュニティからネットワークに至るまで、あらゆるレベルの人材養成が必要である。特にコミュニティにおける人材養成は、遺産から生じる利益のコミュニティへの還元のために強化されなくてはならない。コミュニティは、また、災害や気候変動への対策を含む遺産の管理と保存活動に、全面的に参画すべきである。

(注)世界遺産条約履行のための戦略的目標「5つのC」:「信用性の確保(Credibility)」、「保存活動(Conservation)」、「能力の構築(Capacity building)」、「意思の疎通(Communication)」、「コミュニティの活用(Community)」(2002年の世界遺産委員会で採択。5つめのC(コミュニティ)は、2007年の世界遺産委員会で追加された。)

行動への呼びかけ

- このビジョンの実現に向け、京都会合の参加者は、国際社会に次の行動を起こすよう呼びかける。

    ○ グローバルな規模での財源の確保。

    ○ あらゆるレベルでの人材養成を含む、世界遺産と持続可能な発展の支援に向けた、コミュニティに関する経験、グッド・プラクティスと知識の共有。

    ○ 世界遺産への脅威に効果的に対応するための責任を分かち合い、その持続可能な発展と全体的利益のために貢献すること。

    ○ ポスト2015年開発目標の議論において、国際社会全体で、環境的、文化的、社会経済的ニーズを考慮し、世界遺産を考慮に入れること。

    ○ 世界遺産に関わる全ての関係者の協力と連携を強化し、また、遺産の保存保護が社会全体の持続可能な発展に資するよう、地域社会と先住民、専門家、青年を世界遺産への推薦段階から保存に参画させること。

    ○ 無形文化遺産、文化的・創造的産業など、世界遺産以外の領域を通じて、地域社会の持続性を確保すること。

    ○ 世界遺産条約締約国会議において採択された「戦略的行動計画2012-2022」を優先的に実施すること。

世界遺産学のすすめ

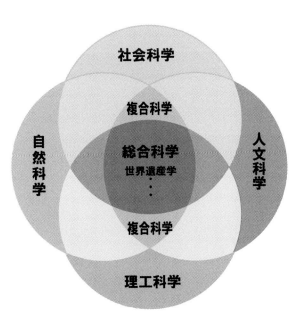

世界遺産学は総合科学

❏世界遺産は時空を超えた地球と人類の至宝

　ユネスコの「世界遺産リスト」には、毎年、各分野を代表する世界的に「顕著な普遍的価値」を有する多様な世界遺産が登録されています。自然景観、地形・地質、生態系、生物多様性、考古学遺跡、歴史都市、文化的景観、産業遺産、20世紀の建築など、時空を超えて、地球や生物の活動の営為、それに人類である人間が創り出した財産、それが「世界遺産」といえます。

❏世界遺産学のすすめ

　私たちが世界遺産のことを知ろうとする時、まずどんなことを学ぼうとするでしょうか。世界遺産のある国や物件の位置、自然環境や生態系、気候、風土、歴史的背景、人間と遺産との関わり、世界遺産を保護管理など、実に多角的に多くのことを学ぶことができます。「世界遺産学」（World Heritage Studies）は、総合的、学際的、そして、国際的な学問で、サイエンスなのです。

　「世界遺産学」は、自然学、地理学、地形学、地質学、生物学、生態学、人類学、考古学、歴史学、民族学、民俗学、宗教学、言語学、都市学、建築学、芸術学、国際学、法律学、環境経済学、行政学、観光学など、地球と人類の進化の過程と未来を学ぶ総合学問であり、いわば、「世界遺産と総合学習の杜」であります。

　世界遺産を有する世界の国と地域は、気候、地勢、言語、民族、宗教、歴史、風土などが異なり、また、素晴らしい芸術、音楽、文学、舞踊、美術など独自の伝統文化も根づいています。

　世界遺産そのものの内容を学ぶ時、個々の物件の背景にある様々な分野の学問から得られる知識や情報を総合すれば、繋がりや類似性、或は、違いや独自性を発見したりすることが出来ます。世界観、国家観、民族観、宗教観、平和観も新たなパラダイムへの転換が必要で、その視座の一つが、地球市民としての「世界遺産学」なのです。

　この様な視点で物事をとらえた場合、現代社会、そして、政治、経済、社会のシステムも時代の要請に適った変革が求められています。

　教育分野についても、学校教育の教科、生涯学習や地域学習などの社会教育のテーマについても、「世界遺産学」や「世界遺産」が導入されつつあり、また、高度情報化の進展によって、就学スタイルも多様化しています。

　「学ぶ」ということは、「理解」し「行動」することにつながります。世界遺産を通じて、様々な分野の学問にアプローチすることで、真の国際理解や、かけがえのない地球環境や平和や安全の大切さの理解も深まり、国際交流の輪も広がります。

　「世界遺産学」をおすすめしたいと思います。トンネルのような閉塞状況の中から、一筋の光明を見い出せるかも知れません。

❏世界遺産学は総合科学

　世界遺産の多様性、多様な世界の国と地域の民族、歴史、地理、生活、産業を学び、それぞれの世界遺産地が抱えている問題点や課題を認識し、その解決策を世界遺産地の人々と共に考えていく事も大切で、この様な努力があってこそ、世界遺産の保護や保存を通じての真の国際協力が達成されるのだと思います。

　世界の平和や安全を保っていくためには、自然や文化の多様性を認識し、異文化を理解し、国際協力に努めていく必要があります。

　世界遺産は、世界遺産登録をゴールとするのではなく、関係行政機関や地元住民などが一体となって、世界遺産登録後も、中長期的な保存管理や監視活動に尽力していくことがきわめて重要です。

　世界遺産を取巻く環境が、脅威、危険にさらされ深刻化すると、大変不名誉なことですが、アメリカ合衆国の「エバーグレーズ国立公園」（水界生態系の劣化の継続並びに富栄養化により2010年危機遺産登録）や、英国の「リヴァプール海商都市」（大規模な水域再開発計画により2012年危機遺産登録）の様に「危機にさらされている世界遺産リスト」に登録されたり、終末的には、オマーンの「アラビアン・オリックス保護区」（1994年世界遺産登録・2007年世界遺産リストからの抹消）、ドイツの「ドレスデンのエルベ渓谷」（2004年世界遺産登録・2006年危機遺産登録・2009年世界遺産リストからの抹消）の様に「世界遺産リスト」から抹消されることにもなるのです。

　世界遺産は、保存管理が基本ですが、教育、観光、地域づくりやまちづくりなどに利活用していくことも大切です。

　しばしば、本末転倒になって、貴重な自然遺産や文化遺産が損なわれる場合がありますが、そうならない様な危機管理も重要です。

　「世界遺産学」とは、学問的には、自然科学、人文科学などの知識をベースとして、理工科学などの技術やスキルを駆使して、社会科学の発想と知恵で、問題解決を計っていく総合科学、或は、複合科学の分野だと考えています。

　世界遺産を取り巻く環境、そして、脅威、危険、危機などの状況を知り、私たち人類は、地球上のかけがえのない世界遺産をいかに守っていくべきなのか、これらの問題解決に貢献できる人材が育って欲しいと願っています。

　「世界遺産学」を通じて、世界遺産に関わるプロフェッショナルになる為の基礎学習、或は、セカンドライフでの数ある学習テーマの一つになれば、この上ないと考えています。

❏世界遺産学からユネスコ遺産学へ

　次章の備考では、世界無形文化遺産、世界記憶遺産との共通点や違いについて述べます。

備考 世界無形文化遺産、世界記憶遺産との連携

ユネスコ三大遺産の共通点と相違点、相互連関性を考える

❏ 世界無形文化遺産と世界記憶遺産との連携

　世界遺産、世界無形文化遺産、世界記憶遺産、省略すると、いずれも世界遺産となります。大変紛らわしいので、「世界の遺産」の中には、世界遺産、世界無形文化遺産、世界記憶遺産の三つがあると区別する様にしています。或は、ユネスコ遺産、或は、ユネスコ三大遺産には、この3つがあると説明せざるを得ませんが、正確に、その違いを理解している人は意外と少ないようです。【図表39】

　そもそも、ユネスコ(国際連合教育科学文化機関)も、かつては、ユニセフ(国際連合児童基金)と混同される時期がありましたが、今では、ユネスコ世界遺産で有名になり、ユネスコを知らない人は少なくなりました。

　世界遺産、世界無形文化遺産、世界記憶遺産の大きな違いは、世界遺産と世界無形文化遺産は、政府間の多国間条約に準拠するものであり、一方、世界記憶遺産は、ユネスコの数あるプログラムの一つであることです。

　これらの共通点は、地球と人類のかけがえのない遺産を守り、未来世代へと継承していくことを目的にした条約でありプログラムであることです。

　世界遺産は、自然遺産、文化遺産、複合遺産の3種類があり、遺跡、建造物群、モニュメント、自然景観、地形・地質、生態系、生物多様性などの不動産が対象で、世界的に「顕著な普遍的価値」を有するものです。

　世界無形文化遺産は、口承による伝統及び表現、芸能、社会的慣習、儀式及び祭礼行事、自然及び万物に関する知識及び慣習、伝統工芸技術が対象で、世界の「文化の多様性」と「人類の創造性」を守っていく上で、緊急保護が必要なもの、それに、代表的なものからなります。

　例えば、カンボジアの「カンボジアの王家の舞踊」(2008年登録)、アルゼンチンとウルグアイの「タンゴ」(2009年)、中国の「京劇」(2010年)、スペインの「フラメンコ」(2010年)、日本の「能楽」(2008年)や「和食;日本人の伝統的な食文化－正月を例として－」(2013年)などです。

　世界記憶遺産は、文書類(文書、書籍、新聞、ポスター)、非文書類(絵画、印刷物、地図、音楽)、視聴覚類(映画、ディスク類、テープ類、写真)、記念碑、碑文などの歴史的な記録が対象で、忘れ去られてはならない世界史上、重要な記録遺産です。

　例えば、韓国の「朝鮮王朝実録」(1997年登録)、フランスの「人間と市民の権利の宣言(1789～1791年)」(2003年)、オーストリアの「ブラームスの作品集」(2005年)、オランダの「アンネ・フランクの日記」(2009年)、ドイツの「ルードヴィッヒ・ヴァン・ベートーベンの交響曲第9番ニ短調作品125」(2011年)、ポルトガルの「ヴァスコ・ダ・ガマのインドへの最初の航海史」(2013年)、日本とスペインとが共同登録した「慶長遣欧使節関係資料」(2013年)、アメリカ合衆国の「エレノア・ルーズベルト文書プロジェクトの常設展」(2013年)などです。

　世界遺産、世界無形文化遺産、世界記憶遺産の数は【図表40】、数の上位国は【図表41】の通りです。

世界遺産、世界無形文化遺産、世界記憶遺産、これらは決して別個のものではなく、相互に連関している場合もあります。

　例えば、モロッコの世界遺産「マラケシュのメディナ」（1985年登録）を文化空間とする世界無形文化遺産の「ジャマ・エル・フナ広場の文化的空間」（2008年）、ヨルダンの世界遺産「ペトラ」（1985年）を文化空間とする世界無形文化遺産の「ペトラとワディ・ラムのベドウィン族の文化的空間」（2008年）、スペインの世界遺産「セビリア大聖堂、アルカサル、インディアス古文書館」（1987年登録）の構成資産の一つであるインディアス古文書館には、世界記憶遺産の「トルデシリャス条約」（2007年）と「慶長遣欧使節関係資料」（2013年）の一部が所蔵されています。セビリア市があるアンダルシア地方は、世界無形文化遺産の「フラメンコ」（2010年）が盛んな地域であり、世界遺産都市としての魅力は高まります。

　ポーランドの世界遺産「ワルシャワの歴史地区」（1980年）、2011年に世界記録遺産に登録された「ワルシャワ再建局の記録文書」は、世界遺産の「顕著な普遍的価値」の真実性を証明する重要な記録でもあります。

　同様に、スロヴァキアの世界遺産「バンスカー・シュティアヴニッツアの町の歴史地区と周辺の技術的な遺跡」（1993年）の「バンスカー・シュティアヴニッツアの鉱山地図」は、2007年に世界記録遺産に登録されています。

　また、日本の世界遺産「紀伊山地の霊場と参詣道」（2004年）の構成資産の一つである熊野那智大社の「那智の田楽、那智の火祭りで演じられる宗教的な民俗芸能」は、2012年に世界無形文化遺産に登録されており、世界遺産の文化空間で演じられています。

　ユネスコ遺産の恒久的な保存管理を考える場合、自然災害や人為災害などあらゆる脅威や危険から、それに、持続を阻む社会環境や社会構造の変化から守っていくことが基本ですが、教育、観光、まちづくりに活用していくことも大切な事であります。

　教育においては、学校教育や社会教育での活用です。具体的には、持続発展教育（Education Sustainable Development　通称：ESD）や、ユネスコ憲章に示された理念を学校現場で実践するユネスコ・スクール等での総合的な学習、それに生涯学習などです。

　観光においては、遺産観光（Heritage Tourism）の振興です。これまでの遺跡等の世界遺産に加えて、世界記憶遺産が所蔵されている文書館、資料館、博物館等の見学、地元の食や食文化をたしなみながらの伝統芸能等の世界無形文化遺産の鑑賞などです。

　まちづくりにおいては、世界遺産地の抱える諸課題の問題解決にあたっての行政と住民との役割分担、協働作業が大切であり、諸問題解決のプロセスそのものがまちづくりへとつながります。

　わが国が文化芸術立国、観光立国をめざす場合においても、ユネスコ遺産が美しい国土形成に果たす役割は極めて大きく、これらは、それぞれが単独にバラバラではなく、有機的に相互が連携すれば、国の光を観るシナジー（相乗効果）の高いものになることが期待されます。【図表42】

備考　世界無形文化遺産、世界記憶遺産との連携

【図表39】世界遺産、世界無形文化遺産、世界記憶遺産の比較

	世界遺産	世界無形文化遺産	世界記憶遺産
準拠	世界の文化遺産および自然遺産の保護に関する条約 （略称：世界遺産条約）	無形文化遺産の保護に関する条約 （略称：無形文化遺産保護条約）	メモリー・オブ・ザ・ワールド・プログラム （略称：MOW）
採択・開始	1972年	2003年	1992年
目的	かけがえのない遺産をあらゆる脅威や危険から守る為に、その重要性を広く世界に呼びかけ、保護・保全の為の国際協力を推進する。	グローバル化により失われつつある多様な文化を守るため、無形文化遺産尊重の意識を向上させ、その保護に関する国際協力を促進する。	人類の歴史的な文書や記録など、忘却してはならない貴重な記録遺産を登録し、最新のデジタル技術などで保存し、広く公開する。
対象	有形の不動産 （文化遺産、自然遺産）	文化の表現形態 ・口承及び表現 ・芸能 ・社会的慣習、儀式及び祭礼行事 ・自然及び万物に関する知識及び慣習 ・伝統工芸技術	・文書類（手稿、写本、書籍等） ・非文書類（映画、音楽、地図等） ・視聴覚類（映画、写真、ディスク等） ・その他　記念碑、碑文など
登録申請	各締約国（191か国） 2015年1月現在	各締約国（161か国） 2015年1月現在	国、地方自治体、団体、個人など
審議機関	世界遺産委員会 （委員国21か国）	無形文化遺産委員会 （委員国24か国）	ユネスコ事務局長　↑ 国際諮問委員会
審査評価機関	NGOの専門機関 （ICOMOS, ICCROM, IUCN） 現地調査と書類審査	無形文化遺産委員会の補助機関 24か国の委員国の中から選出された6か国で構成 諮問機関 6つのNGOと6人の専門家で構成	国際諮問委員会の補助機関　登録分科会 専門機関 （IFLA, ICA, ICAAA, ICOM などのNGO）
リスト	世界遺産リスト（1007件）	人類の無形文化遺産の代表的なリスト （略称：代表リスト）（314件）	世界記憶遺産リスト（302件）
登録基準	必要条件：10の基準のうち、1つ以上を完全に満たすこと。	必要条件：5つの基準を全て満たすこと。	必要条件：5つの基準のうち、1つ以上の世界的な重要性を満たすこと。
危機リスト	危機にさらされている世界遺産リスト （略称：危機遺産リスト）（46件）	緊急に保護する必要がある無形文化遺産のリスト （略称：緊急保護リスト）（38件）	ー
基金	世界遺産基金	無形文化遺産保護基金	世界記憶遺産基金
事務局	ユネスコ世界遺産センター	ユネスコ文化局無形遺産課	ユネスコ情報・コミュニケーション局知識社会部ユニバーサルアクセス・保存課
指針	オペレーショナル・ガイドラインズ （世界遺産条約履行の為の作業指針）	オペレーショナル・ディレクティブス （無形文化遺産保護条約履行の為の運用指示書）	ジェネラル・ガイドラインズ （記録遺産保護の為の一般指針）
日本の窓口	外務省、文化庁記念物課 環境省、林野庁	外務省、文化庁伝統文化課	文部科学省 日本ユネスコ国内委員会
備考	顕著な普遍的価値	文化の多様性と人類の創造性	人類の歴史的な文書や記録

備考　世界無形文化遺産、世界記憶遺産との連携

世界遺産入門-平和と安全な社会の構築-

	世界遺産	世界無形文化遺産	世界記憶遺産
代表例	<自然遺産> ○キリマンジャロ国立公園 ○グレート・バリア・リーフ ○グランド・キャニオン国立公園 ○ガラパゴス諸島 <文化遺産> ●アンコール ●タージ・マハル ●万里の長城 ●モン・サン・ミッシェルとその湾 ●ローマの歴史地区 <複合遺産> ◎黄山 ◎トンガリロ国立公園 ◎マチュ・ピチュの歴史保護区 　　　　　　　　　　　　など	◉ジャマ・エル・フナ広場の文化的空間（モロッコ） ◉ベドウィン族の文化空間（ヨルダン） ◉カンボジアの王家の舞踊（カンボジア） ◉ヴェトナムの宮廷音楽、ニャー・ニャック（ヴェトナム） ◉端午節（中国） ◉トルコ・コーヒーの文化と伝統（トルコ） ◉フラメンコ（スペイン） ◉ポルトガルの民族歌謡ファド（ポルトガル） ◉タンゴ（アルゼンチン／ウルグアイ） 　　　　　　　　　　　　など	○アンネ・フランクの日記（オランダ） ○ゲーテ・シラー資料館のゲーテの直筆の文学作品（ドイツ） ○ブラームスの作品集（オーストリア） ○朝鮮王朝実録（韓国） ○人間と市民の権利の宣言（1789～1791年）（フランス） ○解放闘争の生々しいアーカイヴ・コレクション（南アフリカ） ○エレノア・ルーズベルト文書プロジェクトの常展展（アメリカ合衆国） ○ヴァスコ・ダ・ガマのインドへの最初の航海史1497～1499年（ポルトガル） 　　　　　　　　　　　　など
日本関係	(18件) <自然遺産> ○知床 ○白神山地 ○小笠原諸島 ○屋久島 <文化遺産> ●平泉-仏国土（浄土）を表す建築・庭園及び考古学的遺跡群- ●日光の社寺 ●富岡製糸場と絹産業遺産群 ●富士山-信仰の対象と芸術の源泉 ●白川郷・五箇山の合掌造り集落 ●古都京都の文化財（京都市 宇治市 大津市） ●法隆寺地域の仏教建造物 ●古都奈良の文化財 ●紀伊山地の霊場と参詣道 ●姫路城 ●広島の平和記念碑（原爆ドーム） ●厳島神社 ●石見銀山遺跡とその文化的景観 ●琉球王国のグスク及び関連遺産群 <複合遺産> 該当なし	(22件) ◉能楽 ◉人形浄瑠璃文楽 ◉歌舞伎 ◉秋保の田植踊（宮城県） ◉チャッキラコ（神奈川県） ◉題目立（奈良県） ◉大日堂舞楽（秋田県） ◉雅楽 ◉早池峰神楽（岩手県） ◉日立風流物（茨城県） ◉甑島のトシドン（鹿児島県） ◉小千谷縮・越後上布-新潟県魚沼地方の麻織物の製造技術（新潟県） ◉奥能登のあえのこと（石川県） ◉アイヌ古式舞踊（北海道） ◉京都祇園祭の山鉾行事（京都府） ◉組踊、伝統的な沖縄の歌劇（沖縄県） ◉結城紬、絹織物の生産技術（茨城県、栃木県） ◉壬生の花田植、広島県壬生の田植の儀式（広島県） ◉佐陀神能、島根県佐太神社の神楽（島根県） ◉那智の田楽、那智の火祭りで演じられる宗教的な民俗芸能（和歌山県） ◉和食；日本人の伝統的な食文化-正月を例として- ◉和紙；日本の手漉和紙技術（島根県、岐阜県、埼玉県）	(3件) ○山本作兵衛コレクション <所蔵機関>田川市石炭・歴史博物館　福岡県立大学附属研究所（福岡県田川市） ○慶長遣欧使節関係資料（スペインとの共同登録） <所蔵機関>仙台市博物館（仙台市） ○御堂関白記：藤原道長の自筆日記 <所蔵機関>公益財団法人陽明文庫（京都市右京区）
今後の候補	●明治日本の産業革命遺産-九州・山口と関連地域 →2015年登録審議予定 ●長崎の教会群とキリスト教関連遺産 →2016年登録審議予定 ●ル・コルビュジエの建築と都市計画	◉山・鉾・屋台行事 →2016年登録審議予定 （既登録の「京都祇園祭の山鉾行事」と「日立風流物」の2件を拡張し、新たに、祭礼行事31件を加えてグルーピング化して登録をめざす。）	○東寺百合文書 <所蔵機関>京都府立総合資料館（京都市左京区） ○舞鶴への生還-シベリア抑留等日本人の本国への引き揚げの記録 <所蔵機関>舞鶴引揚記念館（京都府舞鶴市） →2015年登録審議予定

備考　世界無形文化遺産、世界記憶遺産との連携

シンクタンクせとうち総合研究機構

【図表40】世界遺産、世界無形文化遺産、世界記憶遺産の数

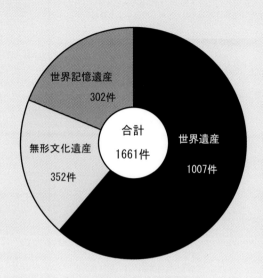

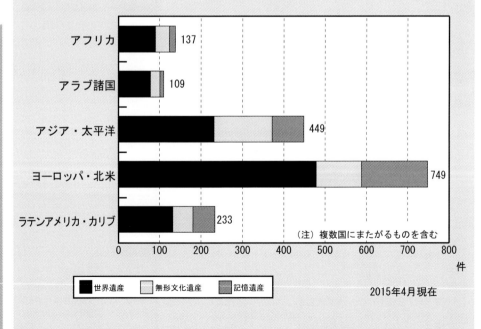

備考　世界無形文化遺産、世界記憶遺産との連携

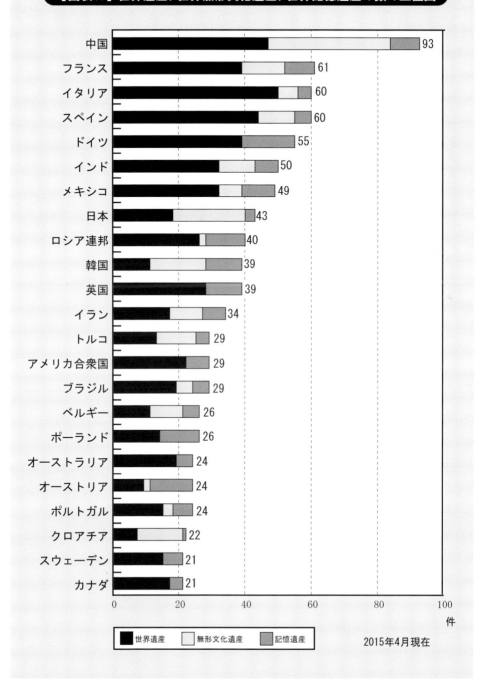

【図表42】日本のユネスコ世界遺産、世界無形文化遺産、世界記憶遺産

【世界遺産】　(所在地)(登録年)

1. 法隆寺地域の仏教建造物(奈良県)(1993年)
2. 姫路城(兵庫県)(1993年)
3. 白神山地(青森県、秋田県)(1993年)
4. 屋久島(鹿児島県)(1993年)
5. 古都京都の文化財(京都市、宇治市、大津市)(京都府、滋賀県)(1994年)
6. 白川郷・五箇山の合掌造り集落(岐阜県、富山県)(1995年)
7. 広島の平和記念碑(原爆ドーム)(広島県)(1996年)
8. 厳島神社(広島県)(1996年)
9. 古都奈良の文化財(奈良県)(1998年)
10. 日光の社寺(栃木県)(1999年)
11. 琉球王国のグスク及び関連遺産群(沖縄県)(2000年)
12. 紀伊山地の霊場と参詣道(三重県、奈良県、和歌山県)(2004年)
13. 知床(北海道)(2005年)
14. 石見銀山遺跡とその文化的景観(島根県)(2007年/2010年)
15. 平泉-仏国土(浄土)を表す建築・庭園及び考古学的遺跡群(岩手県)(2011年)
16. 小笠原諸島(東京都)(2011年)
17. 富士山-信仰の対象と芸術の源泉(山梨県、静岡県)(2013年)
18. 富岡製糸場と絹産業遺産群(群馬県)(2014年)

備考　世界無形文化遺産、世界記憶遺産との連携

【世界無形文化遺産】 (所在地)(登録年)

1. 能楽（2008年）
2. 人形浄瑠璃文楽（2008年）
3. 歌舞伎（2008年）
4. 秋保の田植踊（宮城県）（2009年）
5. チャッキラコ（神奈川県）（2009年）
6. 題目立（奈良県）（2009年）
7. 大日堂舞楽（秋田県）（2009年）
8. 雅楽（2009年）
9. 早池峰神楽（岩手県）（2009年）
10. 日立風流物（茨城県）（2009年）
11. 甑島のトシドン（鹿児島県）（2009年）
12. 小千谷縮・越後上布－新潟県魚沼地方の麻織物の製造技術（新潟県）（2009年）
13. 奥能登のあえのこと（石川県）（2009年）
14. アイヌ古式舞踊（北海道）（2009年）
15. 京都祇園祭の山鉾行事（京都府）（2009年）
16. 組踊、伝統的な沖縄の歌劇（沖縄県）（2010年）
17. 結城紬、絹織物の生産技術（茨城県、栃木県）（2010年）
18. 壬生の花田植、広島県壬生の田植の儀式（広島県）（2011年）
19. 佐陀神能、島根県佐太神社の神楽（島根県）（2011年）
20. 那智の田楽、那智の火祭りで演じられる宗教的な民俗芸能（和歌山県）（2012年）
21. 和食；日本人の伝統的な食文化－正月を例として－（2013年）
22. 和紙：日本の手漉和紙技術（島根県、岐阜県、埼玉県）（2009年＊／2014年）

＊2009年に登録した「石州半紙：島根県石見地方の製紙」を拡張、2014年に、本美濃紙（岐阜県）、細川紙（埼玉県）の構成要素を追加し、新規登録となった。

【世界記憶遺産】 (所在地／所蔵機関)(登録年)

1. 山本作兵衛コレクション
（福岡県田川市／田川市石炭・歴史博物館、福岡県立大学附属研究所）（2011年）
2. 慶長遣欧使節関係資料（仙台市／仙台市博物館）（スペインとの共同登録）（2013年）
3. 御堂関白記：藤原道長の自筆日記（京都市右京区／公益財団法人陽明文庫）（2013年）

【世界遺産】　● 文化遺産
　　　　　　　○ 自然遺産
【世界無形文化遺産】　□
【世界記憶遺産】　◇

2015年4月現在

Ⓒ世界遺産総合研究所

備考　世界無形文化遺産、世界記憶遺産との連携

世界無形文化遺産の例示

京劇（中国）
2010年登録

和食；日本人の伝統的な食文化-正月を例として-
（日本）
2013年登録

フラメンコ（スペイン）
2010年登録

世界記憶遺産の例示

慶長遣欧使節関係資料
(日本／スペイン)
2013年登録

アンネ・フランクの日記
(オランダ)
2009年登録

ルードヴィッヒ・ヴァン・ベートーヴェンの交響曲第9番
ニ短調作品125
(ドイツ)　2001年登録

おわりに

　2015年は、第二次世界大戦が終結して70年になる節目の年でもあるので、「平和と安全な社会の構築」をテーマに掲げました。

　今も世界の各地で、民族、宗教、思想などが対立して戦争や紛争が、また予期せぬ地震、津波、地滑りなどによって危険な災害が起こっています。

　私たちが安心して世界遺産旅行が出来るのも、平和と安全な社会環境下にあるからにほかなりません。

　本書の裏表紙に掲載している写真は、「原爆ドーム（広島の平和記念碑）」（1996年世界文化遺産登録）の経年劣化を把握する為の「健全度調査」（平成4年度（1992年度）以降、原則3年毎に実施されており、今回で8回目）中の写真です。

　「原爆ドーム」は、被爆前は、見本市などを開く「広島県物産陳列館」でした（1933年に広島県産業奨励館と改称）。チェコ人の建築家ヤン・レッツェル（1880～1925年）が設計、1915年（大正4年）4月5日に竣工したとのことですから、2015年は建築後100年になる記念の年です。

　「原爆ドーム」は、原子爆弾の惨禍を示すシンボルとして知られるようになりましたが、1960年代には風化が進んで崩落の危険が生じました。一部の市民からは「見るたびに原爆投下時の惨事を思い出すので、取り壊してほしい」という根強い意見があり、存廃の議論が活発になりました。

　広島市当局は、当初「保存には経済的に負担が掛かる」「貴重な財源は、さしあたっての復興支援や都市基盤整備に重点的にあてるべきである」などの理由から、「原爆ドーム」保存には消極的で、一時は取り壊される可能性が高まっていました。

　議論の流れを変えたのは、広島市内の大下学園祇園高校の生徒だった楮山ヒロ子さんの日記でした。彼女は1歳の時に広島市内の自宅で被爆、15年後の1960年（昭和35年）に、「あの痛々しい産業奨励館だけが、いつまでも、おそるべき原爆のことを後世に訴えかけてくれるだろうか」等と書き遺し、被爆による放射線障害が原因とみられる急性白血病のため16歳で亡くなりました。

　この日記を読み感銘を受けた平和運動家の河本一郎氏や「広島折鶴の会」が中心となって保存を求める運動が始まり、1966年（昭和41年）に広島市議会が永久保存することを決議しました。

　世界遺産登録後も、「原爆ドーム」は、風化や劣化などの固有危険だけではなく、地震などの自然災害や景観問題などの人為災害など、さまざまな脅威や危険にさらされています。

　「原爆ドーム」は、建物は老朽化が進み耐震補強も必要となっており、今後、建物の保存を進め、原爆被害を伝える象徴的な存在として、原爆被害の悲惨さが忘却されることなくどう後世へ伝えていくかが課題となっています。

　広島市内には、旧広島陸軍被服支廠などの被爆建造物群も残されており、世界遺産の登録範囲の拡大、それに、被爆者も高齢化している為、被爆関連の記録や資料も世界記憶遺産に登録するなど重層的な保存管理が望まれます。

　本書が、持続可能な世界の「平和と安全な社会の構築」の道筋を考える手掛かりになれば幸甚です。

2015年5月

世界遺産総合研究所　古田陽久

〈参考文献等〉

古田陽久・古田真美著	「世界遺産事典－1007全物件プロフィール－2015改訂版」	シンクタンクせとうち総合研究機構	2014年8月
古田陽久・古田真美著	「世界遺産ガイド－自然遺産編－2013改訂版」	シンクタンクせとうち総合研究機構	2013年5月
古田陽久・古田真美著	「世界遺産ガイド－文化遺産編－2013改訂版」	シンクタンクせとうち総合研究機構	2013年5月
古田陽久・古田真美著	「世界遺産ガイド－複合遺産編－2013改訂版」	シンクタンクせとうち総合研究機構	2013年5月
古田陽久・古田真美著	「世界遺産ガイド－危機遺産編－2013改訂版」	シンクタンクせとうち総合研究機構	2012年12月
古田陽久・古田真美著	「世界遺産ガイド－日本編－2015改訂版」	シンクタンクせとうち総合研究機構	2014年8月
古田陽久・古田真美著	「世界遺産ガイド－ユネスコ遺産の基礎知識－」	シンクタンクせとうち総合研究機構	2014年3月
古田陽久・古田真美著	「世界遺産データ・ブック　2015年版」	シンクタンクせとうち総合研究機構	2014年8月
古田陽久・古田真美著	「世界無形文化遺産データ・ブック　2015年版」	シンクタンクせとうち総合研究機構	2015年3月
古田陽久・古田真美著	「世界記憶遺産データ・ブック　2013～2014年版」	シンクタンクせとうち総合研究機構	2013年11月

ユネスコ	http://en.unesco.org/
ユネスコ世界遺産センター	http://whc.unesco.org/
国際記念物遺跡会議（ICOMOS）	http://www.icomos.org/
国際自然保護連合（IUCN）	http://www.iucn.org/
文化庁	http://www.bunka.go.jp
環境省	http://www.env.go.jp/
林野庁	http://www.rinya.maff.go.jp/
世界遺産と総合学習の杜	http://www.wheritage.net

〈資料・写真提供〉

African World Heriage Fund、ジンバブエ大使館、Africa2009、コンゴ民主共和国大使館、駐日パレスチナ常駐総代表部、Samarracity.net、シリア大使館、シリア政府観光局、日本アセアンセンター、中国国家観光局、知床斜里町観光協会、東京都小笠原支庁、㈳静岡県観光協会、Eric Hanauer、ニュージーランド政府観光局、イタリア政府観光局（ENIT）、Ente Turismo Alba Bra Langhe e Roero、スイス政府観光局、Weltkulturerbe Volklinger Hutte、英国政府観光庁、VisitBritain images、オーストリア政府観光局、ワルシャワ市観光局、クロアチア政府観光局 Mario Brzic、アンネ・フランク財団、ベートーヴェン博物館、COMMON WADDEN SEA SECRETARIAT（Jan van de Kam）、Hammerfest municipality、National Park ServiceDeborah Nordeen/Assistant Public Affairs Officer Everglades National Park、National Park Service（NPS）、IUCNキト事務所、Galapagos by Imene Meliane、仙台市博物館、世界遺産総合研究所／古田陽久／古田真美

〈著者プロフィール〉

古田 陽久（ふるた・はるひさ　FURUTA Haruhisa）世界遺産総合研究所 所長
1951年広島県生まれ。1974年慶応義塾大学経済学部卒業、1990年シンクタンクせとうち総合研究機構を設立。日本における世界遺産研究の先覚・先駆者の一人で、「世界遺産学」を提唱し、1998年世界遺産総合研究所を設置、所長兼務。世界遺産委員会や無形文化遺産委員会などにオブザーバー・ステータスで参加、各地での世界遺産講座、クルーズ船「にっぽん丸」での船内講演など、その活動を全国的、国際的に展開している。これまでに約60か国、約300の世界遺産地を訪問している。現在、広島市佐伯区在住。
【専門分野】世界遺産制度論、世界遺産論、自然遺産論、文化遺産論、危機遺産論、地域遺産論、日本の世界遺産、世界無形文化遺産、世界記憶遺産、世界遺産と教育、世界遺産と観光、世界遺産とまちづくり
【監修・著書】「世界遺産ガイドーユネスコ遺産の基礎知識ー」、「世界遺産データ・ブック」、「世界無形文化遺産データ・ブック」、「世界記憶遺産データ・ブック」など多数。
【執筆】日本政策金融公庫調査月報「連載『データで見るお国柄』」（2011年4月号〜2012年3月号）、「世界遺産を活用した地域振興ー『世界遺産基準』の地域づくり・まちづくりー」（月刊「地方議会人」2011年9月号）、中日新聞・東京新聞サンデー版「大図解危機遺産」（2009年8月23日朝刊）、「現代用語の基礎知識2009」（自由国民社）世の中ペディア「世界遺産」など多数。
【テレビ出演歴】TBSテレビ「ひるおび」、「NEWS23」、「Nスタニュース」、テレビ朝日「モーニングバード」、「やじうまテレビ」、「ANNスーパーJチャンネル」、日本テレビ「スッキリ!!」、フジテレビ「めざましテレビ」、「スーパーニュース」、「とくダネ!」など多数。

古田 真美（ふるた・まみ　FURUTA Mami）世界遺産総合研究所 事務局長
1954年広島県呉市生まれ。1977年青山学院大学文学部史学科卒業。
1990年からシンクタンクせとうち総合研究機構事務局長。1998年から世界遺産総合研究所事務局長兼務。広島県景観審議会委員、NHK視聴者会議委員、広島県放置艇対策あり方検討会委員などを歴任。
【専門分野】世界遺産入門、日本の世界遺産
【著書】「世界遺産ガイドーユネスコ遺産の基礎知識ー」、「世界遺産入門ーユネスコから世界を学ぶー」、「世界遺産入門ー過去から未来へのメッセージー」、「世界遺産データ・ブック」、「世界遺産事典」、「世界遺産ガイド」シリーズ、「誇れる郷土ガイド」シリーズなど多数。

【ホームページ】「世界遺産と総合学習の杜」http://www.wheritage.net/

世界遺産入門 ―平和と安全な社会の構築―

2015年（平成27年）5月20日　初版 第1刷

著　者　　古田 陽久　　古田 真美
企画・編集　世界遺産総合研究所
発　行　　シンクタンクせとうち総合研究機構 ©
　　　　　〒731-5113
　　　　　広島市佐伯区美鈴が丘緑三丁目4番3号
　　　　　TEL&FAX　082-926-2306
　　　　　郵便振替　01340-0-30375
　　　　　電子メール　sri@orange.ocn.ne.jp
　　　　　インターネット　http://www.wheritage.net
　　　　　出版社コード　86200

©本書の内容を複写、複製、引用、転載される場合には、必ず発行元に、事前にご連絡下さい。

Complied and Printed in Japan, 2015　　ISBN978-4-86200-191-7 C1537 Y2500E

発行図書のご案内

世界遺産シリーズ

世界遺産データ・ブック 2015年版
978-4-86200-188-7 本体2500円 2014年8月発行
最新のユネスコ世界遺産1007物件の全物件名と登録基準、位置を掲載。ユネスコ世界遺産の概要も充実。世界遺産学習の上での必携の書。

世界遺産事典-1007全物件プロフィール- 2015改訂版
978-4-86200-189-4 本体2600円 2014年8月発行
世界遺産1007物件の全物件プロフィールを収録。 2015改訂版

世界遺産キーワード事典 2009改訂版
978-4-86200-133-7 本体2000円 2008年9月発行
世界遺産に関連する用語の紹介と解説

世界遺産マップス -地図で見るユネスコの世界遺産- 2014改訂版
978-4-86200-180-1 本体2500円 2013年9月発行
世界遺産981物件の位置を地域別・国別に整理

世界遺産ガイド-世界遺産条約採択40周年特集-
978-4-86200-172-6 本体2381円 2012年11月発行
世界遺産の40年の歴史を特集し、持続可能な発展を考える。

世界遺産フォトス -写真で見るユネスコの世界遺産-
第2集-多様な世界遺産-
世界遺産の多様性を写真資料で学ぶ。 第3集-海外と日本の至宝 100の記憶-
4-916208-22-6 本体1905円 1999年8月発行
4-916208-50-1 本体2000円 2002年1月発行
978-4-86200-148-1 本体2381円 2010年1月発行

世界遺産入門-平和と安全な社会の構築- 新刊
978-4-86200-191-7 本体2500円 2015年5月発行
世界遺産を通じて「平和」と「安全」な社会の大切さを学ぶ

世界遺産学入門-もっと知りたい世界遺産-
4-916208-52-8 本体2000円 2002年2月発行
新しい学問としての「世界遺産学」の入門書

世界遺産学のすすめ-世界遺産が地域を拓く-
4-86200-100-9 本体2000円 2005年4月発行
普遍的価値を顕す世界遺産が、閉塞した地域を拓く

世界遺産概論<上巻><下巻> 世界遺産の基礎的事項をわかりやすく解説
上巻 978-4-86200-116-0 2007年1月発行
下巻 978-4-86200-117-7
本体 各2000円

世界遺産ガイド-ユネスコ遺産の基礎知識-
978-4-86200-184-9 本体2500円 2014年3月発行
混同するユネスコ三大遺産の違いを明らかにする

世界遺産ガイド-世界遺産条約編-
4-916208-34-X 本体2000円 2000年7月発行
世界遺産条約を特集し、条約の趣旨や目的などポイントを解説

世界遺産ガイド -世界遺産条約とオペレーショナル・ガイドラインズ編-
978-4-86200-128-3 本体2000円 2007年12月発行
世界遺産条約とその履行の為の作業指針について特集する

世界遺産ガイド-世界遺産の基礎知識編- 2009改訂版
978-4-86200-132-0 本体2000円 2008年10月発行
世界遺産の基礎知識をQ&A形式で解説

世界遺産ガイド-図表で見るユネスコの世界遺産編-
4-916208-89-7 本体2000円 2004年12月発行
世界遺産をあらゆる角度からグラフ、図表、地図などで読む

世界遺産ガイド-情報所在源編-
4-916208-84-6 本体2000円 2004年1月発行
世界遺産に関連する情報所在源を各国別、物件別に整理

世界遺産ガイド-自然遺産編- 2013改訂版
978-4-86200-176-4 本体2500円 2013年5月発行
世界と日本の自然遺産の全体像を解説

世界遺産ガイド-文化遺産編- 2013改訂版
978-4-86200-175-7 本体2500円 2013年5月発行
世界と日本の文化遺産の全体像を解説

世界遺産ガイド-文化遺産編-
1.遺跡 4-916208-32-3 本体2000円 2000年8月発行
2.建造物 4-916208-33-1 本体2000円 2000年9月発行
3.モニュメント 4-916208-35-8 本体2000円 2000年10月発行
4.文化的景観 4-916208-53-6 本体2000円 2002年1月発行

世界遺産ガイド-複合遺産編- 2013改訂版
978-4-86200-177-1 本体2500円 2013年5月発行
自然遺産と文化遺産の両方を併せ持つ複合遺産を解説

世界遺産ガイド-危機遺産編- 2013改訂版
978-4-86200-169-6 本体2381円 2012年12月発行
危機にさらされている世界遺産を特集

世界遺産ガイド-文化的景観編-
978-4-86200-150-4 本体2381円 2010年4月発行
文化的景観のカテゴリーに属する世界遺産を特集

世界遺産ガイド-複数国にまたがる世界遺産編-
978-4-86200-151-1 本体2381円 2010年6月発行
複数国にまたがる世界遺産を特集

世界遺産ガイド-暫定リスト記載物件編-
978-4-86200-138-2 本体2000円 2009年5月発行
世界遺産暫定リストに記載されている物件を一覧する

世界遺産ガイド-日本編- 2015改訂版	978-4-86200-187-0 本体2600円 2014年8月発行 日本にある世界遺産、暫定リストを特集
日本の世界遺産 -東日本編- -西日本編-	978-4-86200-130-6 本体2000円 2008年2月発行 978-4-86200-131-3 本体2000円 2008年2月発行
世界遺産ガイド-日本の世界遺産登録運動-	4-86200-108-4 本体2000円 2005年12月発行 暫定リスト記載物件はじめ世界遺産登録運動の動きを特集
世界遺産ガイド-世界遺産登録をめざす富士山編-	978-4-86200-153-5 本体2381円 2010年11月発行 富士山を世界遺産登録する意味と意義を考える
世界遺産ガイド-北東アジア編-	4-916208-87-0 本体2000円 2004年3月発行 北東アジアにある世界遺産を特集、国の概要も紹介
世界遺産ガイド-朝鮮半島にある世界遺産-	4-86200-102-5 本体2000円 2005年7月発行 朝鮮半島にある世界遺産、暫定リスト、無形文化遺産を特集
世界遺産ガイド-中国・韓国編-	4-916208-55-2 本体2000円 2002年3月発行 中国と韓国にある世界遺産を特集、国の概要も紹介
世界遺産ガイド-中国編- 2010改訂版	978-4-86200-139-9 本体2381円 2009年10月発行 中国にある世界遺産、暫定リストを特集
世界遺産ガイド-東南アジア編-	978-4-86200-149-8 本体2381円 2010年5月発行 東南アジアにある世界遺産、暫定リストを特集
世界遺産ガイド-オセアニア編-	4-916208-70-6 本体2000円 2003年5月発行 オセアニアにある世界遺産を特集、周辺の国々も紹介
世界遺産ガイド-オーストラリア編-	4-86200-115-7 本体2000円 2006年5月発行 オーストラリアにある世界遺産を特集、国の概要も紹介
世界遺産ガイド-中央アジアと周辺諸国編-	4-916208-63-3 本体2000円 2002年8月発行 中央アジアと周辺諸国にある世界遺産を特集
世界遺産ガイド-中東編-	4-916208-30-7 本体2000円 2000年7月発行 中東にある世界遺産を特集
世界遺産ガイド-知られざるエジプト編-	978-4-86200-152-8 本体2381円 2010年6月発行 エジプトにある世界遺産、暫定リスト等を特集
世界遺産ガイド-アフリカ編-	4-916208-27-7 本体2000円 2000年3月発行 アフリカにある世界遺産を特集
世界遺産ガイド-西欧編-	4-916208-29-3 本体2000円 2000年4月発行 西欧にある世界遺産を特集
世界遺産ガイド-イタリア編-	4-86200-109-2 本体2000円 2006年1月発行 イタリアにある世界遺産、暫定リストを特集
世界遺産ガイド-スペイン・ポルトガル編-	978-4-86200-158-0 本体2381円 2011年1月発行 スペインとポルトガルにある世界遺産を特集
世界遺産ガイド-英国・アイルランド編-	978-4-86200-159-7 本体2381円 2011年3月発行 英国とアイルランドにある世界遺産等を特集
世界遺産ガイド-フランス編-	978-4-86200-160-3 本体2381円 2011年5月発行 フランスにある世界遺産、暫定リストを特集
世界遺産ガイド-ドイツ編-	4-86200-101-7 本体2000円 2005年6月発行 ドイツにある世界遺産、暫定リストを特集
世界遺産ガイド-ロシア編-	978-4-86200-166-5 本体2381円 2012年4月発行 ロシアにある世界遺産等を特集
世界遺産ガイド-北欧・東欧・CIS編-	4-916208-28-5 本体2000円 2000年4月発行 北欧・東欧・CISにある世界遺産を特集
世界遺産ガイド-北米編-	4-916208-80-3 本体2000円 2004年2月発行 北米にある主な世界遺産を特集
世界遺産ガイド-中米編-	4-916208-81-1 本体2000円 2004年2月発行 中米にある主な世界遺産を特集
世界遺産ガイド-南米編-	4-916208-76-5 本体2000円 2003年9月発行 南米にある主な世界遺産を特集

世界遺産ガイド-地形・地質編-	978-4-86200-185-6 本体2500円 2014年5月発行	世界自然遺産のうち、代表的な「地形・地質」を紹介
世界遺産ガイド-生態系編-	978-4-86200-186-3 本体2500円 2014年5月発行	世界自然遺産のうち、代表的な「生態系」を紹介
世界遺産ガイド-自然景観編-	4-916208-86-2 本体2000円 2004年3月発行	世界自然遺産のうち、代表的な「自然景観」を紹介
世界遺産ガイド-生物多様性編-	4-916208-83-8 本体2000円 2004年1月発行	世界自然遺産のうち、代表的な「生物多様性」を紹介
世界遺産ガイド-自然保護区編-	4-916208-73-0 本体2000円 2003年5月発行	自然遺産のうち、自然保護区のカテゴリーにあたる物件を特集
世界遺産ガイド-国立公園編-	4-916208-58-7 本体2000円 2002年5月発行	ユネスコ世界遺産のうち、代表的な国立公園を特集
世界遺産ガイド-名勝・景勝地編-	4-916208-41-2 本体2000円 2001年3月発行	ユネスコ世界遺産のうち、代表的な名勝・景勝地を特集
世界遺産ガイド-歴史都市編-	4-916208-64-1 本体2000円 2002年6月発行	ユネスコ世界遺産のうち、代表的な歴史都市を特集
世界遺産ガイド-都市・建築編-	4-916208-39-0 本体2000円 2001年2月発行	ユネスコ世界遺産のうち、代表的な都市・建築を特集
世界遺産ガイド-産業・技術編-	4-916208-40-4 本体2000円 2001年3月発行	ユネスコ世界遺産のうち、産業・技術関連遺産を特集
世界遺産ガイド-産業遺産編-保存と活用	4-86200-103-3 本体2000円 2005年4月発行	ユネスコ世界遺産のうち、各産業分野の遺産を特集
世界遺産ガイド-19世紀と20世紀の世界遺産編-	4-916208-56-0 本体2000円 2002年7月発行	激動の19世紀、20世紀を代表する世界遺産を特集
世界遺産ガイド-宗教建築物編-	4-916208-72-2 本体2000円 2003年6月発行	ユネスコ世界遺産のうち、代表的な宗教建築物を特集
世界遺産ガイド-イスラム諸国編-	4-916208-71-4 本体2000円 2003年7月発行	イスラム諸国の主要なユネスコ世界遺産を特集
世界遺産ガイド-歴史的人物ゆかりの世界遺産編-	4-916208-57-9 本体2000円 2002年9月発行	歴史的人物にゆかりの深いユネスコ世界遺産を特集
世界遺産ガイド -人類の負の遺産と復興の遺産編-	978-4-86200-173-3 本体2000円 2013年2月発行	世界遺産から人類の負の遺産と復興の遺産を学ぶ
世界遺産ガイド -特集 第29回世界遺産委員会ダーバン会議-	4-86200-105-X 本体2000円 2005年9月発行	2005年新登録24物件と登録拡大、危機遺産など新情報を満載
世界遺産ガイド -特集 第28回世界遺産委員会蘇州会議-	4-916208-95-1 本体2000円 2004年8月発行	2004年新登録34物件と登録拡大、危機遺産など新情報を満載

世界の文化シリーズ

世界遺産の無形版といえる「世界無形文化遺産」についての希少な書籍

世界無形文化遺産データ・ブック 2015年版 【新刊】	978-4-86200-190-0 本体2600円 2015年3月発行	世界無形文化遺産の仕組みや登録されているものの概要を明らかにする。
世界無形文化遺産ガイド -無形文化遺産保護条約編-	4-916208-91-9 本体2000円 2004年6月発行	ユネスコの無形文化遺産保護条約を特集。

世界の記憶シリーズ

ユネスコの世界記憶遺産プログラムの全体像を明らかにする日本初の書籍

世界記憶遺産データ・ブック 2013～2014年版	978-4-86200-182-5 本体2500円 2013年11月発行	ユネスコ三大遺産事業の一つ「世界記憶遺産」の仕組みや300件の世界記憶遺産など、プログラムの全体像を明らかにする日本初のデータ・ブック。

ふるさとシリーズ

誇れる郷土データ・ブック 地方の創生と再生—2015年版— 【新刊】	978-4-86200-192-4 本体2500円 2015年5月発行	国や地域の創生や再生につながるシーズを都道府県別に整理。
誇れる郷土ガイド—自然公園法と文化財保護法—	978-4-86200-129-0 本体2000円 2008年2月発行	自然公園法と文化財保護法について紹介する。
誇れる郷土ガイド —東日本編—	4-916208-24-2 本体1905円 1999年12月発行	東日本にある都道県の各々の特色、特性など項目別に整理
誇れる郷土ガイド —西日本編—	4-916208-25-0 本体1905円 2000年1月発行	西日本にある府県の各々の特色、特性など項目別に整理
誇れる郷土ガイド —北海道・東北編—	4-916208-42-0 本体2000円 2001年5月発行	北海道・東北地方の特色・魅力・データを道県別にコンパクトに整理
誇れる郷土ガイド —関東編—	4-916208-48-X 本体2000円 2001年11月発行	関東地方の特色・魅力・データを道県別にコンパクトに整理
誇れる郷土ガイド —中部編—	4-916208-61-7 本体2000円 2002年10月発行	中部地方の特色・魅力・データを道県別にコンパクトに整理
誇れる郷土ガイド —近畿編—	4-916208-46-3 本体2000円 2001年10月発行	近畿地方の特色・魅力・データを道県別にコンパクトに整理
誇れる郷土ガイド —中国・四国編—	4-916208-65-X 本体2000円 2002年12月発行	中国・四国地方の特色・魅力・データを道県別にコンパクトに整理
誇れる郷土ガイド —九州・沖縄編—	4-916208-62-5 本体2000円 2002年11月発行	九州・沖縄地方の特色・魅力・データを道県別にコンパクトに整理
誇れる郷土ガイド—口承・無形遺産編—	4-916208-44-7 本体2000円 2001年6月発行	各都道府県別に、口承・無形遺産の名称を整理収録
誇れる郷土ガイド—全国の世界遺産登録運動の動き—	4-916208-69-2 本体2000円 2003年1月発行	暫定リスト記載物件はじめ全国の世界遺産登録運動の動きを特集
誇れる郷土ガイド—全国47都道府県の観光データ編— 2010改訂版	978-4-86200-123-8 本体2381円 2009年12月発行	各都道府県別の観光データ等の要点を整理
誇れる郷土ガイド—全国47都道府県の誇れる景観編—	4-916208-78-1 本体2000円 2003年10月発行	わが国の美しい自然環境や文化的な景観を都道府県別に整理
誇れる郷土ガイド—全国47都道府県の国際交流・協力編—	4-916208-85-4 本体2000円 2004年4月発行	わが国の国際交流・協力の状況を都道府県別に整理
誇れる郷土ガイド—日本の国立公園編—	4-916208-94-3 本体2000円 2005年2月発行	日本にある国立公園を取り上げ、概要を紹介
誇れる郷土ガイド—日本の伝統的建造物群保存地区編—	4-916208-99-4 本体2000円 2005年1月発行	日本の重要伝統的建造物群保存地区を特集
誇れる郷土ガイド—市町村合併編—	978-4-86200-118-4 本体2000円 2007年2月発行	平成の大合併により変化した市町村の姿を都道府県別に整理
日本ふるさと百科—データで見るわたしたちの郷土—	4-916208-11-0 本体1429円 1997年12月発行	事物・統計・地域戦略などのデータを各都道府県別に整理
環日本海エリア・ガイド	4-916208-31-5 本体2000円 2000年6月発行	環日本海エリアに位置する国々や日本の地方自治体を取り上げる

シンクタンクせとうち総合研究機構

事務局　〒731-5113　広島市佐伯区美鈴が丘緑三丁目4番3号
書籍のご注文専用ファックス　082-926-2306　電子メールwheritage@tiara.ocn.ne.jp

※シリーズや年度版の定期予約は、当シンクタンク事務局迄お申し込み下さい。